「ボヘミアン・ラプソディ」の謎を解く

〝カミングアウト・ソング〟説の真相

菅原裕子

光文社新書

まえがき

――天邪鬼から始まる、フレディをめぐる冒険――

２０１９年7月13日土曜日。名古屋市にある南山《なんざん》大学G棟大講義室の席が少しずつ埋まっていく。『クイーンの名曲「ボヘミアン・ラプソディ」の謎を解く』講座の始まりだ。よかった……。心底ほっとした。

この講座は「愛知サマーセミナー２０１９」という催しの一環で行われた。サマーセミナー、通称「サマセミ」とは市民と学校が結びついた市民参加型セミナー。愛知県に始まりこの20年以上、輪は各都道府県へと広がっている。この年は南山大学、南山高等学校、南山小学校が会場となり、この土日月の三連休に２０００を超える講座が各教室で開かれた。

その中には、たとえばＳＡＭ氏のストリートダンス教室、佐藤優氏の「佐藤優が語る〜どうなる世界と日本」、室井佑月氏の「室井佑月に聞きたい放題！」講座といった、著名人によるワークショップや講演もある。しかし、サマセミの最も大きな特徴は、誰でも先生になって教えたいことを教え、学びたいことを学べるというスタイルにある。受講料は一切無料。運営は私立高校の先生方や生徒さんたちがボランティアとしてあたる。講座を開く側も基本的に手弁当である。

私は、名古屋市内の複数の大学で非常勤講師として英語を教えている。

少し自己紹介をさせていただくと、本来の専門は映画研究。映画とはとても不思議なメディアだ。観ている時間は現実の時間で確かに流れていくのに、映画の中には過去の、もうここにない時間がまるで氷漬けされたように、凝縮されて残っている。しかも動いている。そんな魔術的な時間に魅入られて、「記憶と時間」について考えることが私のライフワークである。

好きな映画作家はアンドレイ・タルコフスキー、ビクトル・エリセ、デヴィッド・リンチなど。映画の中に見えているもの、見えていないもの、そこにあるもの、もう失われたものについて考えるのがなによりも楽しい（なので、私にとっての映画『ボヘミアン・ラプソディ』は、もういないフレディとの再会という意味が大きい）。

普段の授業は1年生必修の英語で専門とほぼ関係はないのだが、「洋画好き×洋楽好き」＝英語好き、に仕上がったのが現在の仕事につながっている。２０１８年秋映画公開の際には授業でこの曲を扱い、皆で歌った（歌わせた）。学生たちにこの曲について伝える経験がものすごく楽しかった。それでますます興味が増してリサーチを続け、２０１９年３月に朝日カルチャーセンター名古屋教室にて「ボヘミアン・ラプソディ」を読み解く講座を開講することとなった。これが好評を博し、その流れでサマセミのお話をいただいたわけだ。

ただ、サマセミはまったくの初参加。しかも、なぜか会場が南山大学G棟の大講堂。収容人数６００人の大教室だ。これは正直気が重い。

調べてみると、どうやら翌日には件《くだん》の佐藤優氏が話をされるらしい。恐れ多くも佐藤氏と同じステージに立つとは……。あちらは満員御礼だろうが、こちらはただの一般人である。講座を持たせていただく嬉しさとは別に、どうしよう、ガラガラだったら（というか、そんな大きな講堂だったらガラガラに決まってるのに……）という不安が頭をよぎる。これはたいへんなことになった。

そもそも、当日まで何人入るかわからないのがサマセミというものらしい。聴衆が何人であっても同じように話をさせていただくのはもちろんだが、とはいってもそれは建前。私が大学で普段担当しているのは20〜30人ほどのクラスだ。あの広い講堂では寂しく見えるだろうが、それくらいでも十分ありがたい……。でもちょっと寂しいかも……。宣伝活動に奔走《ほんそう》しながら、正直、祈るような気持ちで当日を迎えた。

なので、広い講義室の席が除々に埋まっていくのを見て、心底ほっとした。結果的には200人近くの方々にご参加いただいた。クイーン人気、恐るべし。私のような無名の講師にはもったいないようなすごい数だ。あのような立派な場所で話をしたのも初めてだったが、熱心に耳を傾けていただいていることが遠目にもよくわかり、あっという間の70分だった。よかった。

そしてさらに嬉しい喜びだったのは、その後回収した受講者アンケートだった。110枚ほど集まったが、その多くが講座の感想と共に、この曲やクイーン、フレディや映画に対する思いを用紙いっぱいにびっしり書いてくださっていたのだ。

「なかなかここまで詳しくアンケートに記入なんてしませんよ〜」。集計を手伝ってくれる同僚の言葉にうなずきながら、一枚一枚読んでいく。長年のクイーンファンばかりではない。

中高生から上は70代まで、それぞれの「ボヘミアン・ラプソディ」があるのだ。そして私の解説をとても真摯《しんし》に受け止めてくださっている。受講者の方々の熱い思い。これがその後、この講座を本にまとめたいという思いの原動力となる。

そもそも、なぜこの講座を開くに至ったか、なぜリサーチを始めたかについて話したい。私は決してクイーンのマニアックなファンというわけではない。ただ、洋楽が絶大なる力を持っていた80年代にその洗礼を受け、まさに洋楽漬けの日々を過ごした。

といっても、地方在住の中学生には今と違って情報などほぼ入ってこない。夜になるとわずかに入るＦＭ局にチューニングを試みたり、親にねだって買ってもらった短波放送ラジオで、海外の音楽番組を雑音の中から必死に拾っていた。ノートを作り、ヒットチャートを毎週書き込んでは眺め、悦に入っていたものだ。１９８１年にＭＴＶが登場し、音楽史の新たな一ページが繰られた頃は、幸い大阪市内に転居していたので、その後は心おきなく洋楽三昧（＋映画三昧）。

クラスではお気に入りアーティストの切り抜きを透明な下敷きに入れるのがブームで、私はホール＆オーツを後生《ごしょう》大事に持っていた。「第２次ブリティッシュ・インヴェイジョン」

と呼ばれるイギリスのアーティストの勢いが著《いちじる》しく、デュラン・デュランやデヴィッド・ボウイ、ロキシー・ミュージックにも夢中になった。クラスにはカルチャー・クラブやブライアン・アダムスが好きな子がいたり、マイケル・ジャクソン、ビリー・ジョエル、マドンナといった大ヒット曲を次々と放つスターが活躍中だったため洋楽ファンも多く、一緒にコンサートに行ったり、雑誌『ミュージック・ライフ』を回し読みしたり、たまに『ロッキング・オン』を買ってみたり。洋楽ロック、ポップス百花《ひやつか》繚乱《りようらん》の時代で、もちろんクイーンも常に重要な存在であった。

リアルタイムでは聴いていないが、「ボヘミアン・ラプソディ」には特別な思い出がある。中学生の頃いっときブームだった海外文通にはまり、何人かペンパルがいた。多い時は15人くらいいたかもしれない。覚えたての英語を駆使して好きな映画や音楽の話などせっせとしたためては、外国の見慣れぬ切手が貼られたエアメールが郵便受けに届くのを心待ちにしていたものだ。その中に音楽好きのギリシャの女の子がいた。「ボヘミアン・ラプソディ」を最初に私に教えてくれたのは彼女だった。

ある時、「あなたはどんな曲が好き？　私はこの曲が一番のお気に入りよ」と、便箋《びんせん》何枚にもわたってこの曲の歌詞がずらりと書き送られてきたのだ。青いペンでひたすら綴《つづ》られている文字の圧倒的な量に、彼女の熱狂を肌で感じた。筆圧の強い青色の文字は今でもはっきり思い出すことができる。そして辞書を引き引き読んでみて、なんだかおかしな曲だなと思ったことも。今のようにすぐにネットで聴くというわけにもいかず、実際にこの曲を耳にしたのはその後随分経ってからだったはずだ。ペンパルも同世代だったので、おそらく彼女もリアルタイムで聴いたわけではなかったと思う。会ったことのないギリシャの女の子に教えてもらった曲をこうして何十年も経った今、まさか講座を開いて解説することになるとは、夢にも思わなかった。音楽が結ぶ不思議な縁《えん》——時間と空間を超えて思いがけなく点と点がつながったような今回の一連の作業は、個人的にもとても感慨深い出来事になった。

そして２０１８年11月9日。フレディ・マーキュリー27回目の命日（11月24日）を前に、映画『ボヘミアン・ラプソディ』が封切られた。待ちきれず早速初日に映画館に駆けつけた。なにより、この季節になるとフレディを失ったことが思い出され、また、当時の衝撃が蘇《よみがえ》ってくる。死後随分経つが、ようやく映画が公開され、スクリーンでフレディに会える。こわいような気もするが、嘘でもいいから再会したい。そんな思いでいっぱいだった。

しかし実はもう一つ、気になることがあったのだ。公開直前、あるラジオの映画紹介で耳にしたこと。楽曲「ボヘミアン・ラプソディ」にまつわる、ある「仮説」があるという。えっ？　まったく寝耳に水だ。

その有名な映画批評家によると、すでによく知られている有力な説だというではないか。えっ？　今初めて聞いた。みんな知ってるって——それって本当？　私は元々、天邪鬼《あまのじゃく》なのだ。

今思えばこの、ふとした疑問が私にとっての「ボヘミアン・ラプソディ」をめぐる謎解きの旅の始まりだった。

「ボヘミアン・ラプソディ」の謎を解く　目次

第3章 「プライベート」な曲 75

第6章 「伝説」の向こう側 ——映画版『ボヘミアン・ラプソディ』を解く—— 203

第1章

異形の曲

映画『ボヘミアン・ラプソディ』の大ヒットであらためてクローズアップされたこの楽曲。昔から知っていた人、今回初めて耳にした人、様々だろうが、以前聴いたことがある人にとっても、案外知っているようで知らない、実は未知の曲なのではないだろうか。まずこの曲の概要を、発表当時のグループの動向と共にざっとまとめてみよう。

「1000年で最も重要な曲」

1999年、イギリスの音楽特別番組『ミュージック・オブ・ザ・ミレニアム』にて「過去1000年でイギリス人が選んだ最も重要な曲」が選ばれた。その第1位を獲得したのが「ボヘミアン・ラプソディ」である。ジョン・レノンの「イマジン」とビートルズの「ヘイ・ジュード」を抑えたというと、さらにそのすごさがわかるのではないだろうか。

オリジナルメンバーであるブライアン・メイ、ロジャー・テイラー、フレディ・マーキュリーが1970年に集まり、翌年、オーディションにてジョン・ディーコンが加入してクイーンが結成された。その後メンバーの入れ替えは一切なしという、ロックバンドとしては貴重なスタイルの始まりとなる。73年にファーストアルバム『戦慄の王女』を発表。74年には

２枚目のアルバム『クイーンⅡ』、立て続けに３枚目の『シアー・ハート・アタック』をリリースし、そこからのシングル「キラー・クイーン」がバンドとしての初ブレイクとなる。翌75年に４枚目のアルバム『オペラ座の夜』を発表、シングルカットされた「ボヘミアン・ラプソディ」が世界的な大ヒットとなる。

こうやって書くと順風満帆なようにも聞こえるが、デビュー当初はまったくの鳴かず飛ばず。批評家にも、商業的であるとか何かの二番煎《せん》じだとか酷評される時期が長く続いた。そもそも、Ｑｕｅｅｎという名前自体がスラングで「ゲイ、おかま」という意味があり、最初から「イロモノ扱い」される要因はあった。バンド名はフレディの命名によるもので、彼の「女王」への愛着と、ものものしく、華やかでよいとの理由に基づいたものではあったが、他メンバーはあまり乗り気でなかったのもうなずける。金銭的にも長いこと受難が続き、「ボヘミアン・ラプソディ」がヒットした後もフレディとロジャーは以前からの生業《なりわい》である古着屋を続けざるを得なかった。最初に契約した制作会社がブラック企業のようなもので、契約条件が劣悪だったという。

「ボヘミアン・ラプソディ」はイギリスでは９週連続Ｎｏ・１という快挙を成し遂げる。もっとも、批評家たちにはあいかわらず受けが悪く、爆発的に増えた新しいファンが支えた大ヒットだった。その後アメリカでも大成功をおさめ、次々とヒット曲を生み出すグループに成長を遂げる。

日本との絆

デビュー当時から酷評続きだったのは本国イギリスもアメリカも同様だったが、そんな彼らをいち早く発見し、その後長きにわたって応援したのが日本のファンだった。まだ「キラー・クイーン」で国際的に名が知られる前のことである。このあたりのいきさつは元『ミュージック・ライフ』誌の名物編集長・東郷かおる子氏のお話に詳しい（『クイーン オブ ザ デイ～クイーンと過ごした輝ける日々～』〈扶桑社〉など）。１９７０年代前半、まだ本国でもまったくといっていいほど知名度のなかったクイーンをいち早く誌面で紹介、本国ばかりか世界に先駆けて日本での人気に火をつけた第一人者としてもつとに有名である。

当時まだ駆け出しの編集者だった東郷氏は、送られてくる多くの資料の中からある日、気になる写真を発見した。ちょっと可愛いじゃない？――それがデビューしたばかりのクイーンだった。曲を聴いてみてこれはいける！と直感、試しに小さなグラビアを掲載してみたところ、たちまち大きな反響を得たそうだ。1979年には編集長に就任。残念ながら雑誌は1998年に休刊となるが、洋楽が最も輝いていた80年代の音楽ファンには不可欠で、当時たいへんな人気を誇っていた。映画のヒットでテレビや雑誌、トークショーなどでも解説されていたので、ご覧になった方も多いだろう。

興味深いのは、クイーンとの関係について東郷氏が「もう好きとか、単純に表せない」と述懐《じゅっかい》している点である。バンド黎明《れいめい》期に見出し、日本での人気獲得に大きく貢献し、その後も、解散説が何度となくささやかれるなど様々な局面を乗り越えてきた彼らと長年関わり続けた氏としては、今回の映画の大ヒットにも格別の思いがおありだろう。音楽ビジネスそのものもインターネットの出現により激変した。アーティストも取材する側もリスナーも、70年代と現在では音楽との関わり方を変えざるを得なくなってきた。時代の変化の波、過渡期を直に経験した先達として貴重な証言が多数ある。

そして熱心なファンに応えるかのような、クイーンの日本びいきもよく知られている。フレディはお忍びで何度も来日し、日本の伝統工芸品や美術品の膨大なコレクションを誇り、ロンドンの邸宅「ガーデン・ロッジ」には日本間や日本庭園もあった。「手をとりあって、このまま行こう、愛する人よ」と日本語で歌われる「手をとりあって」は日本のファンにとって特別な曲である。

フレディ亡き後アダム・ランバートと共に「新生クイーン」としてツアーで世界を回るブライアンとロジャーは、2016年、実に31年ぶりに日本武道館に帰ってきた。初来日から数えると40年を超える月日が経つ。初来日の際のファンの熱狂的な歓迎ぶりが今でも忘れられない、日本は特別だと彼らは語る。本国でも無名に近かった2年目の新人バンドを、1000人を超えるファンが羽田空港で出迎え、連日の公演となったのである。月日は経ったが当時の記憶をたどるほどに強い印象を残した経験だったのだ。

1970年代当時の洋楽シーンの受容についても、東郷氏のお話は説得力がある。クイーンの初来日は1975年だが、当時の音楽シーンはレッド・ツェッペリン、ディープ・パープル、キング・クリムゾン、ピンク・フロイド、イエスなどによる、ハードロック、プログレッシブ・ロックなど「マッチョ」で「男性的な」ロックが席巻していた。日本の音楽雑誌も『ロッキング・オン』『ニューミュージック・マガジン』など理論先行の硬派なものが中心。そこにグラム・ロック（glamorous =魅力的な、妖《あや》しい、米国では glitter rock）が台頭し、メイクを施したデヴィッド・ボウイは中性的な妖しい魅力を放った。

クイーンの登場もその流れと重なるところがある。ただ、ボウイはアーティスト性が高く、決して身近な存在ではない。日本の若い女性洋楽ファンにとってクイーンは、「自分たちが応援できる初めてのバンド」（東郷氏）だった。

インターネットがない時代ですから、日本には英国での評価や情報が入ってきませんでした。そして日本で音楽専門誌にクイーンのグラビアが掲載されたところ、今までの筋骨隆々な男たちがシャウトするハードロックとはまるで違って映ったのです。

（出典：「クイーンの登場で『ロック少女』という概念が日本に誕生」ＮＥＷＳポストセブン、２０１８年12月15日）

編集部には「メンバーの誕生日はいつか、好きな色はなにか」などと尋ねてくるファンからの電話が絶えなかったそうだ。雑誌『ミュージック・ライフ』がまさに売り出したクイーンは『セブンティーン』や『明星』といった一般雑誌にも登場し、日本でもアイドルとしての存在感を強めていく。

また、東郷氏による、クイーンと少女漫画との相性のよさについての指摘は特筆に値する。

当時、クイーンに限らず、海外アーティストが登場する少女漫画が数多く生まれた。池田理代子《いけだりよこ》や青池保子《あおいけやすこ》、萩尾望都《はぎおもと》、竹宮惠子《たけみやけいこ》といった大御所《おおごしょ》だけでなく、今でいう「コミケ」に自作を持ち寄るアマチュア作家たちもその中に含まれる。メンバー同士の恋愛や、ブライアンが高校の物理の先生で自分たちの学校にやってくる（どうしよう！）といった、他愛ない（荒唐無稽?・）設定の物語である。

絵柄も少女漫画らしい、可愛らしい雰囲気のものが多い。ただ、どぎつくはないのだが、ちょっといけないものを見たいという欲望、ほんの少し背徳的な、ちょっとやばいなという妄想をかきたてるものがその底にある——これは間違いなく、今でいう「萌え・腐女子」文化に通ずるものだろう。その後、形を変えながら引き継がれている日本特有のオタク文化の萌芽《ほうが》という視点から見ても興味深い現象である。

そして実は、東郷かおる子氏の「ある証言」が、今回のリサーチにおいて非常に重要な意味を持っていることが、追って明らかになるのである。

「癖が強くて」「暗く」「エキセントリック」

このように、日本ではいわゆるミーハーな女性ファンを中心に絶大なる人気を獲得しつつあった頃、１９７５年に「ボヘミアン・ラプソディ」は世界中で爆発的なヒットとなった。とにかくみんなびっくりした。なんだこれ？　こんなもの聴いたことがない、すごいと。45年以上経った今もこの楽曲に関する評価は基本的に変わらない。

もちろん、フレディの伸びやかなハイトーンボイス、メンバーたちの重厚できらびやかな合唱、ブライアンの雄弁ともいえるギターソロ……。いずれも美しく、素晴らしい。しかし特徴的なのは、この曲に対して大勢が持つ最も重要な感情が一様に、「度肝を抜かれた」「空前絶後」「前代未聞」といった、一貫して「普通でない」ことへの驚きであることだ。

美しい曲は他にもある。素晴らしい曲も同様だ。しかし１０００年のうちで最も「重要な」曲となると、それだけでは足りない。この曲を形容する言葉は数多《あまた》あるが、その中でもquirky、dark、eccentricといった語に注目したい。つまり、この曲の「癖が強くて」「暗く」「エキセントリック」なところこそが私たちの心をつかむのだ。

サマセミで講座後にいただいたアンケートを見ても、中高生などごく最近この曲に触れた人は別として、リアルタイムに限定せず、どこかのタイミングで聴いたことがある人が大半で、よく知られた曲であることがわかる。ただ同時に、曲そのものや歌詞についてあまり知られていないことも明らかだった。映画をきっかけにネットで検索したり、歌詞を自分なりに読もうとした人もいるだろうが、アンケートでは少数派であった。存外、情報が多く散らばっており、全体像をとらえるのが難しいのではないか。部分的に知っていることもあるけれど、知らないことが多い。もう少し知りたい。なんだかよくわからないけど気になる。そんな人が多いのではないか。

それは多くの人がこの曲にまつわるなにやら「異形《いぎょう》」な感じを、知らず知らずのうちに感じ取っているからかもしれない。「1000年に一度」コンテストで首位を争った「イマジン」も「ヘイ・ジュード」もむろん名曲だが、友情や愛情、平和を祈るといった歌詞はわかりやすく、感動的である。それと比べると、この曲にはなんだか一筋縄ではいかない不思議な魅力がある――。

そして、その直感は正しい。この曲がすごくて、かつ、「ヘン」なことを、次章で分析しよう。

【コラム①】ヒットドラマの仕掛け人　ライアン・マーフィー

▽増える「LGBTもの」

コロナ禍《か》をきっかけに家で過ごす時間が多くなり、ネット配信サービスに加入して映画やドラマを楽しむ人が増えている。Netflixは本国アメリカにて過去5年間で加入者が倍増、日本でも加入者は500万人を超え、1年間で約200万人増加したそうだ（2020年9月時点）。

私も2020年4月からすべての授業がオンラインとなり、慣れぬ仕事に追われて大好きな映画館に行くこともままならず、「仕方ない」というような気持ちでいくつかのサービスに登録した。大きなスクリーンで映画を楽しみたい気持ちを満足させることはできないが、それでも様々な映画やドラマ、ドキュメンタリー番組に触れることができるのは魅力的だ。とりわけ、普段なじみのない海外のドラマシリーズの数々に圧倒された。といっても、リストをチェックするばかりで大半はまだ観ていない。文字通り、まずその数に驚いたのだ。名前も顔もまったく知らない俳優が主演している作品も多く、テーマやジャンルもバラエティに富む。新作も続々と追加されるので海外の「今」を直接肌で感じることができそうだ。

そして気づいたのは、いわゆるLGBT（レズビアン、ゲイ、バイセクシュアルといった性的指向と、性自認を表すトランスジェンダー、それぞれの頭文字から作った略称。性的少数者、性的マイノリティの意）を扱った作品が非常に多いことだ。日本でも近年、『おっさんずラブ』や『きのう何食べた？』が評判となった。人気俳優を起用し、作品のよさもあって評価も高いが、テーマや設定自体がめずらしく、まず話題性で注目される面も多いように思う。

それに比べると、アメリカではすでに定着したジャンルになりつつあるのだろうか。実はこのような動向に大いに貢献した人物がいる。映画監督・脚本家であり演出家、プロデューサーのライアン・マーフィーである。社会の流れをいち早く察したのか、あるいは逆に、ドラマが現実に影響を与えたのか。日本でも人気を博したテレビシリーズ『glee／グリー』で広く知られるヒットメーカーを紹介しながら、現在のアメリカテレビドラマの一つの流れを見てみたい。

▽「弱き者」へのまなざし

Netflixは２０１８年、マーフィーと5年間で最高3億ドル（約３００億円）の独占契約をかわしたと発表した。テレビ業界のプロデューサーとしては驚異的な額だ。このニュースは大きな反響を呼んだ。２０２１年現在、彼は『ハリウッド』『ザ・ポリティシャン』『ラチェッド』『POSE／ポーズ』など多くのテレビシリーズを抱え、また、メリル・ストリープやニコール・キッドマンといった大物スターを迎えたミュージカル映画『ザ・プロム』も公開された。正真正銘の売れっ子だ。

キャリアは長く、『glee／グリー』『アメリカン・ホラー・ストーリー』『アメリカン・クライム・ストーリー』『NIP／TUCK マイアミ整形外科医』『ノーマル・ハート』など、ゴールデン・グローブ賞やエミー賞も数多く獲得している。また、『サーカス・オブ・ブックス』『シークレット・ラブ　65年後のカミングアウト』などドキュメンタリーにも意欲的だ。ホラーもあれば学園もの、ハリウッドの内幕もの、病院ものもありで広い守備範囲を誇っている。そしてなにより、マイノリティを見つめる視点が特徴として挙げられる。

とりわけ『glee／グリー』は日本でもヒットした人気シリーズだ。オハイオ州の田舎町の合唱部に所属する高校生たちの日々を音楽で生き生きと綴った青春群像劇だが、同性愛や人種差別、いじめなど多くの社会問題が含まれている。歌や踊りで彩《いろど》られた楽しく活気に満ちたドラマだが、そこには「弱き者」へのまなざしが常にある。

『glee／グリー』がアメリカで放映されていたのは2009年から2015年。同性愛をめぐる社会状況にも大きな変化が訪れていた。2004年にマサチューセッツ州が全米で初めて同性婚を解禁。その後2009年あたりから他の州が続き始め、2015年には連邦最高裁判所が同性婚を憲法上の権利として認めた。事実上、全米で同性婚が合法化されたのである。ドラマが作られ人気が高まっていった時期とちょうど重なり合う。『glee／グリー』にとってセクシュアリティは非常に重要なテーマ。マーフィーら製作陣はファンからの強い要望を受け、レズビアンやバイセクシュアルについてさらに盛り込んでいったという。ファンの応援がドラマをさらに後押しし、現実とシンクロしたようにさえ見える。マーフィー自身、ゲイであることを公言しており、2012年に男性パートナーと結婚、代理母を通して授かった3人の子育て中でもある。LGBTは彼自身にとっても等身大のテーマである。

また、2009年はオバマ大統領が就任した年でもあり（2017年に退任）、多様性、マイノリティへの理解が注目され始めた時期であった。グリーのメンバーはミシェル・オバマ氏の招待を受けホワイトハウスで歌声を披露したり、オバマ大統領2期目就任式典でパフォーマンスも行っている。

▽コロナ禍での撮影現場

新作映画『ザ・プロム』はブロードウェイの舞台がオリジナル。劇場で家族連れや若者たちが笑い、泣き、楽しむ姿を目の当たりにしたマーフィーは、ぜひ映画化したいとすぐに手はずを整えたという。新型コロナウイルスの感染拡大により2020年夏にいったんすべての撮影を中断せざるを得なかったが、生活に不安を抱える多くのスタッフたちのためにと秋に再開した。専門家も交えたNetflixのチームと共に、どうやって皆を現場に戻すか、どうすれば安全に作業できるか、精密な規約が作られた。現在計5作品を撮影中だが、コロナ検査の徹底を重視。マーフィー自身すでに90回以上コロナ検査を受けており、スタッフの精神的な安定のためにも継続中である。

『ザ・プロム』は気軽に楽しめるエンターテイメント。メリル・ストリープの圧巻の歌唱が目玉だ。彼女が演じるディーディーは、かつては一世を風靡したが今や落ち目のブロードウェイ女優。新作が酷評され、このままでは俳優生命も危《あや》うい。そこで名誉回復のために一計を案じる。ある女子高生が同性の恋人と一緒にプロム（卒業記念のダンスパーティ）に参加することを断られたというのだ。LGBT問題を支援するのは手っ取り早いイメージアップになると、俳優仲間たちとインディアナの田舎町に勢い乗り込んでいくのだが……。

面白いのは、高校生を助けるというのは建前で、そもそもの動機は売名行為。偽善だと最初の時点ではっきりしていることだ。わがままで困った人たちである。だが、高校生エマと、彼女を取り巻く理不尽な状況を知るにつれ、次第にディーディーたちの中に変化が起こる。心から彼女を応援したくなったのだ。

ジェームズ・コーデン演じる俳優仲間バリーはゲイという設定で、母親との長年の確執なども含め、多様性とその受容が描かれる。若い俳優たちのフレッシュな歌声も魅力的。エマを応援したくなるのは視聴者も同じで、まっすぐに自己主張し、そのことによって傷つきもするが、自分を信じ、支える人たちの気持ちもくみ取ることができる彼女の聡明さがまぶしい。彼女は白人だが恋人アリッサは人種が異なる。さりげなく田舎の高校生の宗教観なども織り込まれ、アメリカ社会の背景も垣間見ることができる。「今は時代が変わったの。自分らしく生きる勇気を持つ人たちのおかげで、よりよい場所になってきてる。誰も傷つけたくない。ただ自分自身でありたい」と訴えるアリッサの言葉も心に残る。

マーフィーは、こんな時期の今こそ観てほしい、明るい気持ちになってほしいと語る。家族で観るのも、一人で観るのもよし。寛容さと一体性（tolerance and inclusion）についてのメッセージがこめられている。

ライアン・マーフィーが先鞭《せんべん》をつけたといってもいい、ドラマシリーズに見られる多様性の動向を見てきた。彼は今後も目が離せない「時の人」である。もっとも、今のところ、コロナ禍での困難も一因だろうが、記録的に高額な契約金はまだペイしていないという見方もある。また、実際、マーフィー作品以外にもLGBTを扱ったドラマや映画は文字通り溢れており、玉石混交でもある。主要テーマでなく単に設定として扱っているものも含めると、なにやら食傷気味と感じる視聴者もいるだろう。テーマが徐々に身近なものとなり、より開かれた社会への貢献となったことは確かだろうが、今後はより作品そのものの持つ力が問われるはずだ。

第2章　コンプレックス・ソング

「普通にいい音楽だと思います」

この章では、楽曲「ボヘミアン・ラプソディ」がどのように「すごく」て、かつ、どのように「ヘン」なのかを探っていく。彼らの初めての大ヒットであり、なんといっても映画のタイトルにもなった、バンドにとっても特別な曲である。

留意してほしいのは、ただすごいだけではなくて「ヘン」であること。すごいけどヘンテコ、ヘンテコだけどすごい。あるいはヘンテコだからすごいのかもしれない。その理由を大きく三つ（①ビジュアル　②音楽性　③歌詞）に分けて、説明する。まずはビジュアルと音楽性にフォーカスし、その後に具体的な歌詞を扱う。

大学の授業では、ある意味この曲を「布教」するようなつもりでとり上げた。映画公開前は、グループやこの曲に関して予備知識のない人が大半を占めていた。そこで、特に音楽性については当初なるべく情報を与えないようにしてプロモーションビデオを見せ、率直な感想、意見を聞いてみた。すると、圧倒されて言葉で表現しにくいようで、正直よくわからない、困惑しているといった反応が一番多かった。音楽性だけでなく服装や髪型などのファッションも、2000年生まれの彼らにはまったく別世界のものに映ったようだ。

ただ、中には後に解説するような音楽性について、かなり詳しく述べる学生もごくわずかだがいて、驚かされたこともあった。妙に印象に残っているのは、ある学生の「普通にいい音楽だと思います」という言葉。特にヘンではなく「普通に」受け入れ可能ということらしい。そして彼らにとって「普通に」とはかなりのほめ言葉なのである。

①ビジュアル――元祖「ビジュアル系」の戦略

本楽曲を語る際に決して外せないのが、今や伝説となったプロモーションビデオである。当時は宣伝のための音楽ビデオ自体がめずらしく、前例もほぼなかった。「ビジュアル系」の先駆けといってよいだろう。

当時テレビの音楽番組は生放送が原則だったため、ツアーに出ている間はテレビ出演できないデメリットを補うためという、ごく現実的な理由により制作されたのだが、デビュー当時から彼らは自分たちをいかに魅力的に「見せる」か、バンドを売るために視覚的な要素がどれほど重要かに対して意識的だった。

ステージでのパフォーマンスや衣装にもかなりこだわりがあり、たとえば白のひらひらとした袖が特徴的な通称「白鷺《しらさぎ》ルック」は日本のファンにもつとに有名である。世界的デザイナー、ザンドラ・ローズは、フレディとブライアンが連れ立って彼女のアトリエにやってきた当時のことを述懐している。

それからある日の夕方6時頃に、彼らがロンドンのスタジオまで私を訪ねてきたんです。フレディは自由な精神の持ち主ですから、私が普段女性服のデザインをしているとかは、特に関係なかったんでしょうね。彼は両性的にみせたいと考えていたわけでもなく、ただ純粋に素敵な衣装で着飾りたかったのだと思います。

（出典：「クイーンの70年代の衣装を手掛けたデザイナー、ザンドラ・ローズがフレディとの出会いを語る」udiscovermusic.jp、２０１９年11月29日）

ステージに出てきたフレディがパッと手を上げると、ちょうど白鷺が羽を広げたようになり客席が沸くわけである。スタイリングは主にフレディの提案が多かったようだが、前座の頃からこのような工夫が凝《こ》らされており、オーディエンスを楽しませるステージを常に心がけた姿勢は彼らのキャリアに一貫して見られる。ビジュアル重視という流れで、オリジナルビデオ制作のアイデアが出てきたのもごく自然だっただろう。

衣装やステージングだけでなく、バンドのロゴもその「ビジュアル戦略」の一環であると指摘するのは、ポピュラー音楽を専門とするチェスター大学准教授のルース・ドックレー氏である。一目見れば忘れがたい印象を残すロゴだが、作成したのはフレディである。大学でグラフィックデザインを学んでいた彼にとって、このような作品制作はお手のものだったのだろう。ジミ・ヘンドリックスやポール・マッカートニーらミュージシャンのデッサンや洋服のデザイン画など学生時代の作品も残っており、インターネットで閲覧することもできる。音楽だけに飽き足らず、なんと多才な人なのかと感嘆せずにいられない。

Queen 公式 Twitter より

ドックレー氏によると、結成間もない頃、彼らも多くの学生バンドと共にあちこちでライブ演奏をしていた。たとえアマチュアの小さい舞台であっても、演奏する際に（音楽だけでなく）名前も売らなけれ

フレディ自身による美術学校時代のデッサン画。当初は服飾デザインを学んでいた。

ばならないが、多くはバスドラムにただバンド名を書くのが常であったという。

しかし彼らは名前の代わりにロゴを使い、見事に自分たちのイメージをビジュアル化してみせた。それはいうまでもなく「紋章」であり「家紋」である。王家を連想させるデザインはバンド全体のイメージと合致し、バンド名とダイレクトにつながって記憶に残る。同時に、王家の「紋章」による自分たちのブランド化もできるのだ。ちょっとハイクラス、あるいは癖のあるイメージを鮮烈に植えつけることができる有用なツールというわけだ。

とにかく「頭のいい」人たちである。

デビュー後も不遇の時期が続き、実際に世に出るまで時間がかかったが、必ず売れると信じ、そのための戦略を練っていたというのもうなずける。

頭脳派集団

実際、クイーンはメンバーたちがいずれも高学歴であることもよく知られている。当時イギリスの大学進学率は10％以下。大学（ほぼすべてが公立）に進学するのは、今とは比較にならないくらい、限られたエリートのみであった。

フレディはイーリング・アート・カレッジ卒業。アートを専門に勉強する、大学に準じる美術学校である。面識はなかったようだが、ミュージシャンではザ・フーのピート・タウンゼントも同校に学んでいる。ちなみに、イギリスの教育制度は私たちにとってあまりなじみのあるものではないが、中等教育機関を卒業した後、アート系への進学希望者は主に工芸系と高等教育美術学校の2つの選択肢があり、フレディの学んだ課程は後者である。

残りのメンバーはいずれも理系で、大学に進んでいる。ブライアン・メイはインペリアル・カレッジ・ロンドンで天体物理学を専攻していた。エンジニアだった父親は、優秀な息子が大学そっちのけで音楽に力を入れ、大学院へ進学せず音楽ビジネスへ進むことに抵抗があったという。ブライアンはその後２００７年、60歳で博士号を取得したことも大いに話題になった。２０１６年のフレディ70歳の誕生日には、彼が亡くなった年に発見された小惑星に彼の名が付けられたが、祝賀イベントでブライアンがスピーチをしたことはいうまでもない。

ロジャーは当初歯科医になるつもりだったが途中で進路を変更し、生物学専攻（イーストロンドン大学）に移る。ジョンはロンドン大学チェルシー・カレッジで電子工学を修めた。３人共中等教育機関では複数の科目で最高のＡレベルを修めた優秀な学生であった。ワーキングクラス出身のミュージシャンが大半の中、このような「インテリ」個性派揃いはめずらしい。変わり種４人組だ。

しかも後々明らかになるのが、全員が楽器や作曲に関して優れた才能の持ち主であったことだ。バンド活動が長くなればメンバーの脱退や入れ替えが往々にして起こるものだが、（数回の危機はあったにせよ）全員がオリジナルメンバーのまま活動を継続できたのも、それぞれが実力を備え、お互いを尊重し合えたからだろう。

たとえば、ベース担当のジョンは、ブライアンやロジャーのようにボーカルを担当することもなく、性格的にも物静かなため影が薄い印象を与えがちだったが、彼が作曲した「地獄へ道づれ」（Another One Bites the Dust）はグループ最大のヒット曲となり、全世界で破格のセールスを打ち立てた。それぞれの個性が音楽に異なる持ち味をもたらし、楽曲のバリエーションを豊かにしたことは明らかだ。フレディがフロントマンでグループの主役というわけではなかった。

音楽番組『トップ・オブ・ザ・ポップス』で「ボヘミアン・ラプソディ」のプロモーションビデオが放送された翌日、人々は「あのフィルム観た？」と騒然となった。

とりわけオープニングの特殊効果が大きな話題を呼んだ。メンバーの顔が何重にも重なる場面は合成ではなく、特別なレンズを使用して撮影された。録音風景は映画版でも詳細に描かれ、映画のハイライトの一つでもあるが、特にオペラ・パートのメンバーの合唱は何度も何度もマスターテープに音を重ね、多大なる労力を要した。音を重ねすぎてマスターテープが劣化したほどだ。

ドキュメンタリー『Inside the Rhapsody』では、ブライアンが実際に曲を聴きながら解説しており、興味深い撮影秘話も聞くことができる。この曲がいかに緻密に作られたか、ブライアンがフレディの歌唱力、発想力にどれほど感嘆したかが語られている。そして発表後、たちまち本国のヒットチャートを駆け上がり、9週連続No・1という前代未聞の成功を収めたのである。

②音楽性——オキテ破り

リスナーを熱狂させたこの楽曲は、あらゆる意味で「破格」であった。さきほど触れたように、何層にもわたりテープに音を重ねるという録音自体が尋常ではなかったのだが、まず人々を驚かせたのは、とにかく曲が長いことだった（5分57秒）。6分近くある曲は今でこそめずらしくないが、当時このような前例はまずなかった。1975年のヒットチャートを見ると、スタイリスティックスの「愛がすべて」、ロッド・スチュワートの「セイリング」、日本でも人気の高かったベイ・シティ・ローラーズの「サタデー・ナイト」などが名を連ねており、いずれも3～4分程度が主流である。長すぎてラジオでもかけられないと、レコード会社の上層部はシングルカットを断固拒否したので、フレディが反対を押し切って友人のDJケニー・エヴェレットに音源を持ち込み、売り込んだエピソードは有名である。エヴェレットは自分の番組でこの曲を繰り返しかけた。その結果、レコード発売前から店先に並ぶファンが現れ始め、テレビ放映後の爆発的ヒットを後押しした。

そして、この曲の長さはその特別な音楽構成にもよるものである。一曲の中に変調がいくつもある。いきなりアカペラのコーラスに始まり（パートA）、フレディのしっとりしたバラード（パートB）へと続き、しかし独特の喧騒に満ちたオペラ風（パートC）へとがらりと変わり、次にハードロック調ギターソロ（パートD）が続き、再びフレディのボーカル（パートB）へと戻り、終わる。つまり、この曲にはアカペラ（A）→バラード（B）→オペラ（C）→ハードロック（D）→バラード（B）という、異なるジャンルが共存しているのである。

普通は、イントロの次にAメロが入り、Bメロ、サビ、またAメロに戻り、Bメロ、間奏……などと続くものだ。もちろん楽曲のアレンジは無数に存在するが、標準的には、聴いている人が予定調和の安定感や安心感を覚えるよう構成されることが多い。しかし「ボヘミアン・ラプソディ」は初めて聴くものに「次」を予想させせない。従来の商業的ルールにまったく従わないオキテ破りの曲なのである。

「コンプレックス・ソング」

このような特徴的な音楽性について、前述のドックレー氏はクイーンの他の一連の楽曲と共に「コンプレックス・ソング」であると分類する。彼女は修士論文“Queen：anthems & complex songs”（クイーン：アンセムとコンプレックス・ソング）でクイーンの楽曲を分析し、2002年のNHK『ボヘミアン・ラプソディ殺人事件』でも一部紹介された（番組内容については第4章で詳述）。幸運にもこの修士論文は、翻訳者の岡田奈知氏の尽力によって『国歌になったクイーン』（牧歌舎）というタイトルで出版されている。入手が難しい本だが、公共図書館に一部所蔵されているので確認されたい。クイーンを愛するドックレー氏と、同じく彼らを愛し、クイーンの通訳を目指して当時ロンドンに留学中だった岡田氏の熱いコラボ——良書である。

「コンプレックス・ソング」とは「複雑に入り組んだ曲」を意味し、日本語の「コンプレックス」（劣等感）とは無関係である。「アンセム」——スポーツの場の応援歌のようにオーディエンスの参加を目的とした曲（たとえば「伝説のチャンピオン」〈We are the Champions〉や「ウィ・ウィル・ロック・ユー」など）とは異なり、込み入った仕掛けが曲を魅力的にしているタイプの楽曲を指す。

一曲の中に異なるスタイルが盛り込まれ、それらが一つの物語を構成している。そして実際、フレディは「ボヘミアン・ラプソディ」が、元々は3曲別々に作ったものを合体させたものだと発言している。「ザ・カウボーイ・ソング」と題された歌詞を、ブライアンや他の友人が見たという証言があり、どうやらその一部はクイーン結成以前のもののようだ。つまり、正真正銘のコンプレックス・ソングなのである。

また、実は「ボヘミアン・ラプソディ」以前からクイーンの音楽を聴いていたファンの多くはこの曲の出現にそれほど驚かなかった、という話をちらほら聞く。私はリアルタイムで触れていなかったせいもあり、それ以前の楽曲は今回遡《さかのぼ》って初めて聴いてみたのだが、なるほど、非常に合点がいった。

音楽に限らず映画や絵画、小説などもそうだろうが、ある程度長期的なスパンで一人のアーティストの作品を追っていくと、作品にその数年の痕跡《こんせき》が残されるものである。当時の精神状態や方向性、影響を受けたものがどこかに反映されていたり、試行錯誤を繰り返しては徐々に洗練されていく様が爪あとのように刻まれることがままある。途中で方向性が変わったり、あるいは回帰していくこともあるだろう。本楽曲については、それ以前につながりが見られる楽曲が複数あり、また、その後の作品にも延長線上にあるような、いわば発展形のような曲が存在する。

たとえば、1974年の「マーチ・オブ・ザ・ブラック・クイーン」は「ボヘミアン・ラプソディ」を彷彿とさせる。「本楽曲を予言するような作品」（ドックレー氏）という指摘通り、ブロックごとに複雑に展開していく点に類似が見られ、6分33秒と非常に長尺であることも共通している。アカペラやコーラスのバリエーションも豊富で、ただしそれらは「ボヘミアン・ラプソディ」のものとは少し異なっているように思える。未曽有《みぞう》の大ヒットとなった曲を仮に「完成形」とするならば、そこに到達する前の「試行錯誤」もチャレンジに満ちて豊かである。プログレッシブ・ロックの要素もあり、クラシック音楽との関連性が指摘されることもある。

また、それ以前の「マイ・フェアリー・キング」（1973年）も、「マーチ・オブ・ザ・ブラック・クイーン」「ボヘミアン・ラプソディ」に先駆ける楽曲として注目に値する。ブライアンも「この比較的知られていない曲」が後の2曲につながったと発言しており、このことから、ファーストアルバム『戦慄の王女』の時点でバンドとして重要な音楽性の萌芽が明らかに見られ、その後短い時間で確実に熟していったといえよう。

そしてこれら（特に「マーチ・オブ・ザ・ブラック・クイーン」と「ボヘミアン・ラプソディ」の2曲）の叙事詩的な流れは、晩年の「イニュエンドウ」（1991年）にもつながっていく。フレディ存命中最後のアルバムの表題曲となったこの大作は同様に6分を超え、美しいハーモニー・パートを含み、よりドラマチックで重厚さを増している。

むろん、1970年代に作られた曲群とまったく同じ印象を与えるわけではないが、フラメンコギターが異国情緒を醸し出し、より洗練された一つの成熟の形を表しているように思える。当時フレディが闘病末期にあったことを思うと胸がつまるが、結果として彼の最後を刻み込む作品が、このような初期の流れからの一つの結実の形であることは感慨深い。

③歌詞――「ボヘミアン・ラプソディ」の歌詞を読む

ここまでクイーンのビジュアルと音楽性を考察してきたが、いよいよ問題の、歌詞である。曲を聴いたことはあっても、曲全体の歌詞を知っている人はそれほど多くないかもしれない。それでも、あまりにも有名なバラード・パートの冒頭、フレディが歌う“Mama……just killed a man…”（ママ、人を殺してしまった…）の一節を知らない人はいないだろう。

「ママが人を殺してしまった」歌だと思っている人もいるかもしれない（ここのみ聴いただけであればそれも十分に考えられる）が、続くフレディの心の叫びのような「語り」を通して吟味《ぎんみ》してみると、やはり主人公が人を殺してしまった歌のように解釈できる。

クイーン公式YouTubeの歌詞付き動画（英語と和訳の両方が載っている）

しかし、それがヘンである。なぜそんな重大なことを切なげに謳《うた》い上げているのか。なにより、物騒ではないか。本楽曲がすごくてヘンなのはこれまでに述べた「音楽的」要素が大きいからだが、それと同じくらい、この歌詞が理解を超え、謎に満ちているからである。それでは、全体の流れをつかみながら、パート毎に歌詞を読んでいこう。全体は音楽的な構成から、４つのパートに分かれていると考えられる。しかし物語は一貫して１人の主人公らしき人物の独白が中心である。

A）アカペラ・パート（〜０分53秒）

「これは現実なのか、それともただの幻か」（Is this the real life? Is this just fantasy?）という始まり。やがて主語のIが出てきて、その人物は「ただの哀れな男」（I'm just a poor boy）であり、「気ままにさすらう性質」（I'm easy come, easy go）であると、本人によって語られる。その後、Bのバラード・パートでいっそう深刻な状況が明らかになっていき、「死にたくない」「いっそのこと生まれてこなければよかった」と、悲痛な告白がされる。

曲の冒頭では、主人公は現実と幻（real life / fantasy）の二つの世界のはざまにいるように感じており、その現実から逃れようとしている（No escape from reality）。しかし最後には「たいしたことじゃない」（It doesn't really matter to me）と開き直り、あるいは諦めともいえる少々投げやりな態度へと移っていく。

ジプシー、流浪の民という意味も持つ言葉「ボヘミアン」は歌詞には一切出てこないが、easy come, easy go に見られる「気ままにさすらう性質」の箇所が、伝統や習慣に縛られない自由人ということで関連している。

冒頭よりアカペラで歌われ、メンバーとの美しいハーモニーが特徴的。独白であることが明確に歌詞に表れているにもかかわらず、声は多重という形式が、主人公が現実とも幻ともつかない場所にいること、あるいは、二つの世界のはざまで引き裂かれているかのような効果をあげる。フレディが「僕はただの哀れな男　同情なんて要らない」（I'm just a poor boy, I need no sympathy）とひときわ高く歌い上げる部分は言葉の意味が強調され、聴く者に、この主人公はすなわちフレディ自身ではないのかという印象を与えてもおかしくない。

B）バラード・パート（0分53秒〜3分04秒）

このパートでは、すでに述べたように、パートAで明らかになった（独白する）I＝主人公の訴えが徐々に具体的になり、「死にたくない」（I don't wanna die）「いっそのこと生まれてこなければよかった」（I sometimes wish I'd never been born at all）と、深刻化していく。そして、主人公の周囲に他の人物たちの存在が見えてくることに注目したい。

まず「ママ」（Mama）が出現し、その呼びかけは何度も繰り返され、彼女が本人にとって非常に大きな存在であることがわかる。「泣かせるつもりじゃなかった」（Didn't mean to make you cry）、「明日の今頃になって僕が戻らなくてもなんとか持ちこたえて」（If I'm not back again this time tomorrow, carry on...）と思いを吐露するあたりは、マザコンではないかという解釈も可能だろう。加えて、主人公が人を殺したこと（just killed a man）、そして殺したのは「男一人、しかも特定されていない男」であること、「彼の頭に銃をつきつけ」（put a gun against his head）、「引き金を引いたところ、死んだこと」（pulled my trigger, now he's dead）が明らかにされる。

また、主人公は「みんな」に別れを告げる（Goodbye, everybody）。独白を続ける主人公は、（誰かは不明であるが）大勢の中にいる自分を意識しており、「もう行かないと」（I've got to go）と彼らから決別する。「きみたちの元を離れて、真実と向かい合わなくては」（Gotta leave you all behind and face the truth）と離れていくのである。

この曲をシェイクスピア作品と並べて読む学者にとって、とりわけこの箇所は演劇的な展開を想起させ、親和性が高いように思う。ある学者は、悲劇の主人公が哲学的な問いを自分に投げかけていると解釈し、『ハムレット』の"To be, or not to be: that is the question."（生きるべきか死ぬべきか、それが問題だ）との類似を挙げる。あるいは『マクベス』の"Life's but a walking shadow, a poor player. That struts and frets his hour upon the stage. And then is heard no more."（人生は歩き回る影法師、哀れな役者にすぎぬ。出番の間は舞台の上でこれ見よがしに見せ場を作るが、終われば音沙汰一つない）や、『お気に召すまま』の"All the world's a stage, and all the men and women merely players."（この世はすべて一つの舞台、誰もがただの役者にすぎぬ）という一節も引き合いに出される。

まるで、舞台に立った主人公が、今まさに（それまで一緒にいた）大勢から一人離れ、立ち去ろうとする場面――たとえばスポットライトを浴びながら――を思わせ、非常に演劇的である。私は「さようなら、みんな」というヒロイックな一節に——感情のこもったフレディの声の調子も含め——歌舞伎の見栄《みえ》に共通するものを感じる。それまではなかった「みんな」の存在がこの一節で一気に明らかになり、主人公とその周囲の空間性、関係性があらわになる。冒頭の“Mama... just killed a man...”に次ぐ、見事な決め台詞のように思えるのだ。「人を殺した」という驚くべき告白をしていること、スローバラードで語りかけるように歌っていること、他のパートのように別の声とのハーモニーが(ほぼ)ないという点で、パートBは最も真摯に自分の心を告白しているとも解釈できる。

C) オペラ・パート(3分04秒~4分09秒)

最も論争の的となるパート。突如としてオペラ風に変調し、バラード・パートとは似ても似つかない喧騒に満ちたユニークな展開となる。謎の中心はもちろん、唐突に現れる5つの固有名詞とおぼしき語である。オペラ風ということもあり、前半はイタリアあるいはその系統、そして後半は中東風のエキゾチックな雰囲気と共に宗教的な印象を与える。人物のイメージがいくつか登場する。

「一人の男の小さなシルエットが見える」(I see a little silhouette of a man) から始まるこ

のパートは、プロモーションビデオに映る影がフレディのものであることから、彼自身とも言われている。合唱で繰り返されるスカラムーシュ（Scaramouch）とは、16世紀イタリアに始まり、17世紀ヨーロッパ全体で流行した即興喜劇（コメディア・デラルテ）の道化を表す。道化師の、一見華やかだが孤独なイメージはフレディ自身のそれと重なる。主人公は雷鳴や稲妻に怯えている（Thunderbolt and lightning, very very frightening）。

さらに合唱で入るガリレオ（Gallileo）は、いわずと知れたイタリアの物理学者であり天文学者のガリレオ・ガリレイ。ただし唐突であり、脈絡はなさそうである。科学者であることからブライアンを指すのではという人もいる。

フィガロ（Figaro）とは、オペラで有名な『セビリアの理髪師』『フィガロの結婚』の元になった18世紀フランスの劇作家ボーマルの戯曲の主人公フィガロを表すのではといわれている。いずれも軽快でコミカルなオペラだが、主人公がクイーーンにおける静かなる男・ジョンを思わせるという説もある。

ここまではイタリア的な登場人物が次々に現れ、主人公は彼らに対し哀《あわ》れみをかけてほしいと懇願《こんがん》する（I'm just a poor boy from a poor family）。同情した彼らは救済の手を差し伸べるようだ（Spare him his life from this monstrosity）。両者のかけ合いは、宗教色が色濃くなる後半でさらにエスカレートしていく。

ビスミーラ！（Bismillah!）はコーランの一節で「アラーの神よ！」の意である。アラーの神は容赦《ようしゃ》ないようだ。主人公は逃がしてほしいとさらに恩赦を求める（Will you let me go!）。彼を赦《ゆる》してやれという（おそらくイタリア的）人物たちと、絶対に逃がさないという声が対立する（We will not let you go）。さらに、僕を逃がしてという強い懇願は悲痛な叫びになり（Let me go!）、絶対にダメだ（Never let you go）という強い声に押しつぶされそうになる。

なんてことだ（Mama mia）と叫ぶ彼は、ベルゼブブ――キリスト教新約聖書では魔王、悪魔を表す――が自分に悪魔を差し向けてくるとまで思いつめる（Beelzebub has a devil put asider for me）。かけ合いはエスカレートしていき、主人公はさらに追いつめられていく。

ベルゼブブはメンバーの中ではロジャーにあたるのではという説がある。女性ファンがあまりにも多く、「悪魔のように」魅力的であるからという理由のようだ。

過去には好奇心旺盛なメディアがフレディに「悪魔学に興味があるのですか？」と尋《たず》ねる一幕もあり、フレディが笑顔で「あるよ！」とお茶目に切り返していたのが印象的であった。

D）ハードロック・パート（4分09秒〜5分12秒）

前パートのコーランの一節からの流れを受け、ここでも「石をぶつけ顔につばを吐きかけるのか」（So you think you can stone me and spit in my eye）という箇所に宗教的な含みが見られる。愛とその破綻《はたん》、見殺しにするといった（So you think you can love me and leave me to die）、厳しく悲劇的で救いようのない展開。主人公は逃げようともがく（Just gotta get right outta here）。

ブライアンのギターが唸《うな》り、フレディのボーカルに対するもう一つのボーカルのごとく――ツインボーカルと呼ぶ人もいる――、存在感を見せつけるパートである。

ちなみに、ブライアンは「僕にとって、ギターとはリードする楽器であり、声にもなり得るけれど、どんな時もボーカルのもとでプレイされなければならないもの」という言葉を残している。

そしてなにも解決してはいないのだが、ギターも合唱もおさまり、主人公は「何もたいしたことじゃない」（Nothing really matters）という境地に至る。「どうだっていい」とはすべてを諦めた上での観念した心持ちなのか、あるいは投げやりな態度なのか。

「たいしたことじゃない」は、前に挙げた『マクベス』の“Life's but a walking shadow, a poor player. That struts and frets his hour upon the stage. And then is heard no more.”（人生は歩き回る影法師、哀れな役者にすぎぬ。出番の間は舞台の上でこれ見よがしに見せ場を作るが、終われば音沙汰一つない）の台詞に通じ、それはすなわち「無」を表すという意見もある。戸惑いから始まり、自らの感情を激しく告白し、裁かれ、赦しを乞《こ》い、ギターと共に心の叫びをぶつけた主人公は、このように静かな時を迎える。

なぜ母親を“Mama”と呼んだのか

歌詞の解釈は多岐にわたり、とりわけインターネットでは「まとめをまとめた」ようなサイトも多く、実のところ収拾がつかない。それでも、先に挙げた個別的な解釈以外に全体的な流れをまとめるとすると、これは殺人を起こした若者の物語であり、前半では、繰り返される「ママ」への呼びかけが象徴するように、罪悪感や自分の人生を自らだいなしにしてしまったことへの後悔、恐怖、絶望が告白される。後半では、あたかも裁判が繰り広げられているような展開となり、宗教的、倫理的に彼を裁こうとする者と、彼を救済しようとする者が現れ、主人公は混乱のまま恩赦を求め逃げまどう。そして最後には諦念の域へと向かっていく。

人を誤って殺した若者が自分を救済するために悪魔に魂を売ろうとするパートを、ゲーテの『ファウスト』のモチーフになぞる学者もいる。あるいはカミュの小説『異邦人』の冒頭、有名な「今日、ママンが死んだ」という一節との比較も可能だろう。

また、"Mama"「ママ」という呼びかけがロックの歌詞としては異質であるとの指摘も見逃せない。母親を"Mama"「ママ」と呼ぶのは、イギリスではきわめて限られた上層階級のみであるからだ。後ろにストレスを置いて「ママ」maMaと発音する――と言うとわかりやすいだろうか？　「お母様」、あるいは日本語で子供が甘えて「ママー」と呼んでいるような感じ。かなり時代錯誤な表現だし、フレディは良家の子息ではあるが、１９７０年代において彼が実際に母親を"Mama"「ママ」と呼んでいたとは到底考えられない。母ジャー氏の話からも、普段は"Mum"と呼んでいたようだ。つまり、フィクションとしてかなり作り込んだ、技巧を凝らした上での言葉の選択と考えられるのだ。とすると、この主人公を単純にフレディ自身と見立てるのは安直かもしれない。

ちなみに、チャールズ皇太子が２０１２年のエリザベス女王即位60周年記念式典で、正式な場で使われる“Your Majesty”（陛下）と言った後に“Mummy”（お母さん）と呼びかけたことが大きな話題となった。知らされていなかったらしく、女王は一瞬目を丸くして驚きの表情を隠さなかったが、ほのぼのとしたよいシーンとして受け止められた。ハリー（ヘンリー）王子のアイデアだったそうだが、キャサリン妃人気の影響もあり、開かれた王室をアピールするよい機会ともなった。

チャールズ皇太子が普段女王をどのように呼んでいるかは好奇心旺盛な市民の一つの「謎」のようだが、少なくとも公の場や談話では女王を“Mama”と言及している（ただし呼びかけではないようだ）。基本的には、王室のようなごく限られた上流階級が正式な場で使う語彙《ごい》である。ただし文脈によっては特別な親愛の情を示したり、幼さを表したり、また、わざとおどけてきどった印象を意図して使われることもある。したがって「ボヘミアン・ラプソディ」がこの言葉を用いてなにかのパロディを目指したという読み方もできるだろう。

また、実際に人を殺してはおらず、二つの世界（現実と幻想）自体がすべて仮のものであるという読み方もできそうだ。次に紹介するオックスフォード大学の学者たちは、主人公の青年をフレディと重ねながらも、冒頭の箇所を「いやいや……殺してないから……」とも評している。いずれにせよ、解釈はこの曲を読み解こうとする人の数だけあるといっても過言ではない。インターテクスチュアリティ（間テキスト性）豊かで、解釈を鑑賞する者に委《ゆだ》ねる、オープンエンドの形式に則《のつと》っていると考えればよいのではないか。

オックスフォード大研究者たちの解釈

２００４年のＢＢＣドキュメンタリー『The Story of Bohemian Rhapsody』では、オックスフォード大学の研究者たちが楽曲を分析している。彼らの解釈は第４章でも再びとり上げるが、一般的にも影響力があったのではと思われるので、会話の形でそのまま紹介しておく。

興味深いことに、Ｂ（バラード・パート）の歌詞の構造に「性的な感覚」がみられると話し合われている。

「震えがとまらない、痛み……多かれ少なかれ、あらゆる性的な感覚がみられるね」
「なるほどね。詞の構造は、ある種の性的なリズムをたどっている」
「そして最後は性交で終わる……でも虚無的な感じではなくて、単に行為の後の疲れに包まれた淡々とした、無防備な状態……」

C（オペラ・パート）では次のような会話が交わされる。

「ガリレオ、ルネッサンス期の科学者で天文学者——ガリレオがここに来る理由はないな」
「フィガロはたぶん『フィガロの結婚』……モーツァルト？」
「マグニフィコ（貴き者よ、あるいは貴族の意のイタリア語）——フィガロに音が似てるからだな。フィガロはガリレオに似てる」

オペラ・パートを聴きつつ、話は続く。

「関わり合う文化的なほのめかしがいろいろ混ざり合っているね」
「それぞれを結びつけてみることはできるな」
「でも我々がそれを言い出したらちょっと行きすぎじゃないか」

「私もそう思うな。音がいいからだけじゃないの」

──「我々が詞についてあれこれ口出すなんてフレディが知ったらどう思うかな?」

「気にしやしないさ。『ばかばかしい!』ってね」

要は、お堅い学者たちが大ヒット曲について真剣に、ああでもないこうでもないと実に楽しそうに語り合っている風景なのである。つまり、本当のところは誰にもわからないということだ。

だからこそ、私たちはこの歌に惹《ひ》かれるのかもしれない。歌詞の謎を解きたいが、一筋縄には解決しない。わからないから、謎めいているから、さらに好きになる。

作詞作曲はフレディで、レコーディングの段階においても曲の全容は彼以外誰も知らなかった。本人はもちろんメンバーたちも、その後何年にもわたり繰り返しあちこちで尋ねられることになる──これはどういう意味なんですか?──と。音楽ファンの憶測や解釈も増えていく。しかし、彼らが歌詞について説明したり解説したことは一度もなかった。

クロスオーバーの魅力

フレディの曲作りはメロディ先行で、次に曲の全体的な構成を組み立て、最後に歌詞を合わせていくことが多かったという。「ボヘミアン・ラプソディ」も例にもれない。

「歌詞は苦手」「僕の歌詞はファンタジー、作り物である」という発言もある。気の利いたフレーズがちりばめられていたり（「キラー・クイーン」などはまさにそうだろう）、叙事詩のようにスケールの大きな、豪華絢爛《けんらん》な世界を生き生きと描く歌詞も多く生み出しているのに、意外なことに、彼を熱心な読書家であったと語る人は見当たらない。インスピレーションの源《みなもと》は必ずしも読書ではなかったということか。

しかし一方で、「ボヘミアン・ラプソディ」がカミュの『異邦人』を彷彿とさせるという意見もわからないではないし、初期のアルバム数作ですでに円熟を極めているといってもいいような技巧的な歌詞が、まったく文学を好まない人物の作だととらえるのも難しいようにも思える。天才の創作活動の秘密をうかがい知るのは容易ではないが、確実に言えるのは、その土台に高い美意識と豊かな想像力があったことだろう。周知の通り、フレディは美しいもの——音楽、美術、ファッション、オペラ、バレエなど——をこよなく愛した。

１９７０年代半ばからバレエ好きであることを公言し、１９７９年にはロイヤル・バレエ団との共演を実現。フレディはダンサーでもあったのである。コンサートでバレエの衣装（あるいはそれに近いもの）を身に着けることもあった。バレエとのコラボレーションはモーリス・ベジャール・バレエ団による舞台『バレエ・フォー・ライフ』に今も引き継がれている。クイーンの大ファンだったベジャールは、フレディとジョルジュ・ドン（奇《く》しくもフレディと同じ45歳で早逝《そうせい》した）という失われた２人の天才にこの舞台を捧げている。

また、憧れのオペラ歌手であったモンセラート・カバリエとのアルバム制作（１９８８年）も果たしている。

これも意外であるが、フレディはオペラに関してそれほど詳しいわけではなかったという。ただ、バレエにしてもオペラにしても、自らの美意識に忠実でチャレンジ精神に富み、ジャンルの枠にとらわれることなく、軽々とその垣根を越え自分の世界を作り上げていく姿は、とても彼らしいことのように思える。そのクロスオーバーな様相の一端が、本楽曲にすでに如実に表れていたわけだ。一曲の中に何曲分もの味わいがあり、歌われている物語はミステリアス。特殊効果を駆使した映像で皆の度肝を抜き、一夜にして本国のヒットチャートを駆け上り、世界へとその熱狂は広がった。そしてこの歌が未だ愛され続ける理由の一つは、この歌が謎に満ちているからではないだろうか。

【コラム②】映画『グリース』とドラマ『glee／グリー』の比較

▽60年の時をこえて

ライアン・マーフィー制作のドラマは数多あるが、中でも、時代を敏感にとらえた、あるいは率先して新風を送り込んだのが、コラム①でもとり上げた『glee／グリー』である。日本でも好評を博したヒットシリーズだ。人気の秘密は、田舎の高校でグリークラブに所属する、地味だが個性的な学生たちを生き生きと描くすぐれた青春群像劇であること。そしてもう一つは、往年のヒット曲を若い彼らによる新鮮なアレンジで楽しめることだ。『サウンド・オブ・ミュージック』『ウェスト・サイド・ストーリー』といった古典ミュージカルはもちろん、シュープリームスなどのオールディーズ、ビートルズやマドンナ、シンディ・ローパーといった70's、80'sポップスからブリトニー・スピアーズ、コールドプレイ、レディー・ガガ等々に至るまで、新旧織りまぜた選曲のよさとバリエーションの豊かさ、そしてグリー・キャストによる歌唱の素晴らしさ。音楽は時代や世代を超え、心を一つにする。

ここでは一つの試みとして、ミュージカル映画『グリース』から2曲をとり上げ、ヒット映画とドラマ『glee／グリー』、新旧バージョンを比べて鑑賞してみることで「ある発見」を探してみたい。

ちなみに映画『グリース』は1978年公開。当時人気絶頂のジョン・トラボルタと歌姫オリビア・ニュートン・ジョンの初顔合わせの学園ミュージカルは大ヒットする。「ボヘミアン・ラプソディ」世代には特に懐かしいのではないか。

舞台はカリフォルニア、明るく楽しい学園ものである。オリビアの歌はアカデミー賞歌曲賞にノミネートされ、サントラ盤も名曲ぞろいでアメリカ、イギリス、日本、オーストラリアですべてアルバムチャート1位を獲得した。元々は舞台ミュージカルで初演は1971年。その後も舞台で演じられたり、1982年には続編映画『Grease 2』が制作され、ドラマ『glee／グリー』、『グリース・ライブ！』など、形を変えて引き継がれている。

▽"Hopelessly Devoted to You"「愛すれど悲し」

邦題が時代を感じさせるが、なかなかの名訳。原題は「どうしようもなくあなたに夢中、心を捧げている」という意味。オリビア・ニュートン・ジョンのソロ曲で、女子高生サンディがトラボルタ演じるダニーへの切ない恋心を歌う。サンディはまじめで清純な女の子。彼らは夏に避暑地で出会い恋に落ちるが、新学期の始まりと共にいったん別れる。夏が終わりその後思いがけなく再会したところ、ダニーは実は不良グループのリーダーで、がらりと印象が変わっていた。仲間の手前、つれなくされて戸惑う彼女の心が歌われている。

ロマンティックでスローテンポ。清純派歌姫としてすでに不動の地位を築いていたオリビアが切々と歌い上げる、彼女の真骨頂といってもいいような名曲（ちなみに私もこれはカラオケの定番曲）。それが『glee／グリー』（シーズン4・エピソード5）ではどのように歌われているかというと――。

なんと歌っているのはブレイン役のダレン・クリス。つまり、男性。これには正直度肝を抜かれた。オリビアの可憐なイメージがあまりにも強く、これを男性が歌うなんて考えたこともなかったのだ。このように思う人はとても多いはずだ。しかも、そのシチュエーションも異なっている。映画では女性が男性を想う歌なのだが、ドラマでブレインが想っているのはカートという青年。彼の写真を手に、思いのたけをこめて歌うブレインの姿にこちらの胸が熱くなるほどだ。非常に今日的な、大きな変化が一目でわかる。そしてこの清純派女子の歌だとばかり思っていた――しかも、レースをあしらった白い部屋着でポーチに出て歌うオリビアの清楚なたたずまいは、当時、未知なるアメリカへの憧れをかきたてたのではないだろうか――曲をここに持ってくる発想があまりにも斬新だ。

『グリース』（映画）の舞台は1950年代の設定で、恋心を歌い上げる対象は異性愛が常識である。時代が移り、徐々に同性愛の受容が進んだことがはっきりとわかる。ドラマ自体がそれを意図して作られ、視聴者の意識の変化に影響を与えたといってもいいかもしれない。ドラマではセクシュアリティは非常に重要なテーマであり、ブレインとカートの恋の行方はファンにとっても最大の関心事の一つだった。

▽"Summer Nights"「想い出のサマー・ナイツ」

楽しく軽快なナンバー。夏に出会って恋に落ちた相手についての恋バナを、それぞれ男子・女子の仲間同士で「こんな女の子と会ったぜ」「彼ってこんな人なの」「聞かせて聞かせて！」と、わいわい歌い合うノリのいい一曲だ。リーゼントをばっちり決めたトラボルタとその仲間、華やかな女子グループがそれぞれ歌い、踊る。時代は変われど、屈託のない、青春を謳歌する高校生たちのほほえましい光景である。

『glee／グリー』（シーズン3・エピソード10）のシーンも、映画の背景や設定と非常に似せて作られていることがわかる。あまりにも似ている……と思って調べたところ、なんと映画で使われた高校で撮影したとのこと。似ているはずである。おしゃべりに興じながら歌い踊るのも同じ。男子はグラウンドのスタンド席で、女子は校舎のすぐ前の広場で、エキサイティングな歌とダンスが繰り広げられる。2つのチームが混ざることはないが、絶妙なテンポでかけ合いになっており、美しいハーモニーが楽しめる。ただし、この2つの間には、物語設定として60年ほど時間の経過がある……2つの違いとはなんだろうか。

決定的な違いは、映画版では学生が主に白人である点。それに対して『glee／グリー』ではアフリカ系、アジア系の学生が混ざっている。サンディのパートを歌うのはアンバー・ライリー、アフリカ系アメリカ人だ。美しい声はオリビアと共通するが、パワフルで堂々とした印象はまた別の魅力に満ちている。

映画版は1950年代が舞台なので、高校に白人以外の学生が見当たらないのは不思議ではない。公民権運動の黎明期にあたり、公立高校では1954年に初めて人種隔離教育を違憲とする判決が出された。気楽に観るミュージカルのため、この作品を観ながら人種について思いをめぐらせる人はあまりいないのではないだろうか。何回か観ていたが、少なくとも私はそうだった。『glee／グリー』のこの回を観るまでは。このように、アメリカにおける人種や民族の多様化が文字通り一目でわかるのは貴重である。ドラマでは白人はもちろん、様々な人種の学生や、LGBT、障がいのある学生が登場する。彼らの苦悩を知り、共有することもできる。『glee／グリー』は新しい視点で、私たちが今いる場所とかつていた場所について、新たな示唆を与えてくれる。そんな思いがけない効用もある作品だ。

第3章　「プライベート」な曲

決定的な解釈は存在しない

第2章では、「ボヘミアン・ラプソディ」を「1000年に一つ」の特別な曲にたらしめた音楽的な特徴について概観してきた。しかしそれでも、謎は深まるばかりではないだろうか。とりわけ、その歌詞である。思わせぶりともいえるような謎めいた物語。どうも物騒で深刻なようであるし、しかし、そうでもないと覆《くつがえ》そうとしているようにもとれる。諸説入り乱れているが決定的な解釈はない。依然として謎のままである。

ただ、一点、謎を解くための「鍵」になるかもしれないことがある。日本でのクイーン人気に火をつけた『ミュージック・ライフ』元名物編集長・東郷かおる子氏によると、フレディがこの曲はとても「プライベート」なものであると発言しているのだ。


「『ボヘミアン・ラプソディ』って、何のことを歌ってるの?」

「ああ、あの歌は、僕のすごくプライベートな歌なんだよ」

「プライベートって、どういう意味?」

「……それは秘密さ（笑）」

（出典：『ボヘミアン・ラプソディ』は何のことを歌った曲なのか？」ニッポン放送NEWS ONLINE、2018年12月15日）

メンバーはもちろんのこと、フレディがこの曲に関する秘密を公にしたことは一切ない。唯一、“relationships”——人との関わり、人間関係ということか——についての曲だと本人から直接聞いたと、クイーンの公式ファンクラブの秘書ジャッキー・スミス氏による指摘がよく知られている（スミス氏は現在もファンクラブを運営しており、バンドとしては世界一長く継続しているファンクラブとしてギネスブックにも掲載されている）。また、ブライアンの取材にもこの言葉が出てくる。スミス氏はフレディが世に出る前からの友人で信頼できるソースであり、これだけでも重要な証言である。

日本限定の「プライベート」発言

しかしそれ以上に、東郷氏による「プライベート」という表現は、よりストレートで重要な「鍵」ではないだろうか？　東郷氏もスミス氏と同じく、いわば楽屋裏で個人的に尋ねたという。フレディになんのことを歌っているのか尋ねてみたところ、本人が「すごくプライベートな曲なんだよ」と語ったそうだ。

今回、出典を求めてさんざんあちこちを検索したのだが、英語の資料の中に"private"という言葉はどこにも見当たらない。つまり、これは東郷氏だけが耳にした、実は衝撃の発言なのではないだろうか。むろん日本限定である。しかしそれも考えてみれば不思議ではない。東郷氏だから（ついうっかり、なのかもしれないが）話したのである。本国のマスコミに本音をもらしたりすることはないはずだからだ。

本国イギリスのメディアは彼らが売れる前もブレイクした後でさえも辛辣《しんらつ》なことが多く、特にフレディの私生活についてうるさく追い回した。映画版にも、記者たちの失礼極まりない質問に辛抱強く耐える会見の場面があったが――日本での人気ぶりからは想像し難いのだが――クイーンとマスコミとの確執は非常に根が深い。彼らに本音をもらすことはまずないだろう。しかし、東郷氏は別だ。本国に先駆けてクイーンを見出し、日本での人気に大きく貢献した東郷氏とフレディの信頼を物語るエピソードとしても貴重である。なにより、この曲を解く鍵となる重要な証言がわれわれのすぐ近くにあったとしたら、なんともエキサイテイングではないか。

いずれにせよ、アーティストなのだから歌詞について説明する必要はもちろんない。ただ、本人が「プライベートな曲である」という以上、もしかしたら、フレディがどんな人かを知ることができれば、この曲に少し近づくことができるのではないだろうか？

そして謎の中心は、この物語の根幹である「殺人」であろう。つまり、謎は「誰が誰を殺したのか？」という一点に絞られるのではないだろうか？

ウェブ上では音楽関連のサイトだけでなく個人のブログなどまで含めると、もう収拾がつかなくなるほど多くの「説」を見つけることができる。そしてその多くが、謎の解明を求めて別のウェブを見たまとめであったりする。映画版の人気でさらにその数は増えていった。

しかし、一つ「有力な」仮説が広がっている。そしてその説はまさに「誰が誰を殺したのか？」という疑問に迫るものである。これから、その説の根拠となるフレディの人間像を探っていく。

生い立ちにみるフレディの光と影

フレディこと本名ファルーク・バルサラは1946年、アフリカのザンジバル諸島(現在のタンザニア)に誕生した。「パールシー」と呼ばれるペルシャ系インド人の家系で、父親は政府関係の部署で経理の仕事に携《たずさ》わっていた。中流以上の恵まれた家庭環境に育つ。ザンジバルでは十分な教育を受けることができないため、単身8歳でインドはムンバイの寄宿学校に渡る。家族と別れて暮らすには幼すぎ、寂しい思いをしたのではという関係者の話もあるが、シャイではあるが非常に活発な子供で、当時からピアノを習い、バンドを結成するなど音楽活動にも力を注いでいた。16歳でザンジバルに帰国するが当時独立運動が起こり、その後一家はイギリスへと移住した。

パールシーはイギリスではもちろん、世界的に見ても少数民族で、最も多く居住するインドでも人口10万人といわれる。ペルシャ(イラン)のゾロアスター教徒の末裔《まつえい》で、7〜8世紀頃、新興のイスラム教が勢力を増した際に改宗を拒み、国を追われた民族である。大半がインドに移り住み、現在は非常に裕福な層や政治的にも有力な層が多くを占めている。インドの二大財閥の一つもパールシーのものだ。

ザンジバルで政府の会計係であった父親は、ロンドン移住後はそのキャリアを活かした職を得ることができず、外食産業のレジ係の仕事に就いたようだ。母親も一時パートタイムで家計を支えた。広い家に住み、召使《めしつかい》を雇うなど特権的な生活を長年送った後の見知らぬ国での生活は、彼らに大きな変化を強《し》いたことだろう。今もザンジバルに親戚は残っているようだが、交流はあまりない模様だ。フレディはロンドン移住をとても喜んだそうだが、スターになってからも彼とアフリカとの関係が表立って知らされたことはなかった。彼の地《か》を訪問し旧交をあたためたというようなこともない。彼の容貌はロンドンでは明らかに目立っただろうが、エキゾチックな面を強調する必要はないと考えたのだろう。ロックミュージシャンにとって決して利点というわけではなかった。

避けて通れないセクシュアリティの話

次にフレディのセクシュアリティについてであるが、やはりこの点を避けて通ることはできないだろう。映画でもメアリーとの関係に苦悩する姿が描かれている。映画ではフレディはゲイ、あるいはバイセクシュアルであるように描かれているが、生前本人は自分のセクシユアリティについて一切ノーコメントを貫《つらぬ》いた。メンバーとも長いことそういう話はしなかったようだ。ブライアンは2008年のデイリー・エキスプレス紙の記事で、「チラッと疑ったことはあったが、当時の彼がゲイだと思ったことは一度もなかった」と述懐《じゅっかい》している。

実際、ブライアンはメアリーとは旧知の仲であるし、楽屋に女の子たちが遊びに来ていたことも昔から知っている。したがってこの記事は、どうも彼が「うっかり」口を滑らせたような雰囲気がある。というのも、フレディのセクシュアリティについてメンバーがなにか発言することはほぼないに等しいからだ。同記事では「(フレディが)『男性だけが好き』と告白したのは、それが露骨になってから何年も経ってからさ」ともあるので、フレディの死後随分経ったこともあり、取材の流れでふと話してしまったのだろう。

もっとも、フレディが髪を切り、革のジャケットをまといハードコアなファッションに転換した1980年代以降、彼がゲイであると感じた人は多かった。ただ、メンバーたちが本人にセクシュアリティについて尋ねることは、当時はなかったということだ。それはファンにとっても同じで、がらりと変わったスタイルに戸惑ったファンは多かったが、彼らの音楽を愛するリスナーにとってはそれほど大きな問題ではなかったように思う。

映画版の評価は概《おおむ》ね好意的だったが、批判の中には、フレディとメアリーの関係を美しく描きすぎているという指摘もあった。同性愛者を異性愛者として、あるいはそちら側に寄せて描いているという批判である。人生の後半でジム・ハットンという男性の恋人が現れるが、メアリーとの関係も非常に美しく保たれたままにされている。美化しすぎているのではないかという意見もわからないではない。

「いい息子でいたい」という願い

また、セクシュアリティについてはメアリーとの関わり以外にも、家族との葛藤がフレディに暗い影を落としていたと思われる。パールシーは少数民族である。伝統的にゾロアスター教で、先祖が引き継いできたものを絶《た》やさないようにという意識が強い。フレディの父親は敬虔《けいけん》な信者だったので、息子がゲイであるのはなかなか受け入れ難いことだっただろうし、親思いのフレディも彼らを失望させたくない気持ちが強かっただろう。現代ならともかく、当時はまだLGBTという言葉もなかっただろうし、イギリスでは長らく同性愛行為は犯罪であった。条件付きで非犯罪化されたのが1960年代後半のことである。

父と息子の宗教観をめぐる様相は、映画では「善き考え、善き言葉、善き行い」という言葉と共に描かれる。息子を理不尽に抑えつけようとする父親ではないが、食卓を囲む家族の夕べやメアリーを招くと喜ぶ様子に、いわゆる「普通の家族」の形が歓迎されていることは明らかだ。反旗を翻《ひるがえ》すような息子ではなかった。ただ、ライヴ・エイドに参加する前に自ら家を訪ね、コンサートに出演すること――そしてそれも含めた生き方すべて――が自分の誇りであることを告げ、二人は和解する。アーティストとしての集大成の場を家族にも見てほしい、そして自分を認めてほしい。息子としてたいへんいじらしく、誠実さが伝わってくる。

彼をよく知る人たちのあらゆる証言からも、フレディが親思いであったことは明らかだ。彼らの期待に応えるよい息子でいたい思いは強かっただろう。成功を収めてからも何度も新しい家をプレゼントしようとしたが、両親は住み慣れた古い家を好み、（父ボミ氏の生前は）ずっとそこに住み続けた。両親の実直な人柄がわかるようなエピソードだが、彼らもまた、フレディとその妹を抱え、激動の人生を送ってきたのだ。ザンジバルで独立運動が起こった際、インドに帰るかイギリスに渡るかの二つの選択肢があったのではないかと推測するが、彼らにとってまったく未知の土地であるイギリスを選んだのは容易な決断ではなかっただろう。そして一切語られてはいないが、時代的背景を考えても、移住後に人種的な偏見や差別を受けることも少なからずあっただろう。

子供思いの親に愛情深く育てられた幸せな子供である。幼い頃に親元を離れ寂しい思いもしただろうが、とても愛された子供であった。しかしそれゆえに、ごく個人的な自らのセクシュアリティと家族に対する葛藤は、フレディの心に大きく影を落としていたに違いない。

フレディ自身は教徒ではなかったが、葬儀はゾロアスター教の司祭によって執《と》り行われたといわれる。ごく内輪に行われ火葬されたが、どこに埋葬されたかは公表されていない。自分らしく自由に生きたが、最後まで父母の息子であると、家族を尊重したのだろう。そして誰にも干渉されることなく静かに眠りたいと遺言を残したという。

ジム・ハットンやマネージャーのジョン・リードなど、彼がセクシュアリティについて常に苦しみもがいていたと話す人はいる。あまりにもプライベートなことなので慎重に扱われるべきことであるが、家族思いだったフレディが少なくとも彼らに対し葛藤を抱え、苦悩していたことは間違いないだろう。

容姿に対する劣等感

フレディは「移民」と「ゲイ」という二重のマイノリティである立場に苦悩していたことに加え、外見上の劣等感が指摘されることもある。ブライアンのインタビューなどでも、彼が外見や、人と少し違う前歯を気にしていたという話は出ている。上下の前歯にそれぞれ過剰歯が生えており、そのせいで少し出っ張っていた。幼い頃も前歯をからかう単語があだ名だったり、話すときに上唇を前歯にかぶせたり、手で口を覆うインタビュー映像があるともいわれている。しかし前歯を矯正するよう助言されても頑《がん》として応じることはなかった。歯の形を変えて歌声に影響が出ることを恐れたのだろうといわれている。

ブライアンは、フレディが少年時代の話は避けていたような印象を持ったという。これは「劣等感」というよりは、「パールシーという出自によるマイノリティ」の立場からくる不自由さだったのだろうか。映画でも、ヒースロー空港で働くフレディが「このパキ野郎」とからかわれ、「パキスタンじゃない!」とすごい剣幕で言い返す場面がある。多くの移民を抱えるイギリスでは様々な出自の人間が共に生活しているが、それでもこのような侮蔑《ぶべつ》的な経験はめずらしいことではないだろう。マイノリティであることが明らかな目立つ風貌は誇りでもあっただろうが、エキゾチックなことを売りにはしたくなかった。スターになる過程で「エキゾチックな」出自を大っぴらにすることも避けた。

移住後すぐに在籍したロンドンの学校時代のエピソードはあまり残っていない。周囲になじめず、つらい目に遭っていたという話を聞いた関係者もいるそうだが、移住してきた16〜17歳の頃のことはよく知られていないようだ。もっとも、その後入った美術大学の同級生たちによると、差別などはまったくなく、シャイで謙虚、そして才能のある人だったと誰もが口を揃える。そしてそれは、彼の生涯を通し、周囲の人たちが語る彼の人間像とあまり違いがない。シャイで気配り屋さん。愛情深く、気前がよくて、華やか。

そして重要なのが、親しい人ほど彼のことを「複雑な人」と表現していることである。音楽ファンは華やかで茶目っ気があるフレディになじみがあるが、シャイで、時に気難しく、周囲に気のおけない人だけを置きたがった大スターの素顔を垣間見ることができる。

イギリスにおけるフレディの「学歴」と「発音」

また、日本と異なり、今でも確固とした階級社会が存在するイギリスにおいて、高学歴エリートのイギリス人である3人のメンバーたちに対し、劣等感を抱いていたのではという指摘もある。フレディはイーリング・アート・カレッジという美術大学を卒業しているが、卒業資格は、他のメンバーたちのように学位（degree）ではなく卒業証書（diploma）の形式である。アート畑という違いがあるので比べられるものではないが、3人が揃いも揃って中等教育機関で優秀な成績を修めた秀才で、当時は特権的であった大学に進学し、大学卒業の学位を取得しているのは、学歴で差があることを示す。

また、フレディの話す英語にはインドなまりはないが、やはりイギリス人の英語とは明らかに異なる。イギリスの階層社会は、話す英語を聞けばどの階層に所属するかがほぼわかるといわれる。模範とされるのはRP（容認発音）と呼ばれる伝統的な標準発音。王族や教養のある階層が使う英語で、公共放送BBCのアナウンサーの発音としても知られ、英語学習者のお手本とされる（ただ、本来RPを話す人口がごくわずかであることから、イギリス英語の標準とするには現実味が薄いともいわれる）。教養人であるブライアンが話す英語はこれに近い。また興味深いことに、フレディの妹・カシミラ氏の発音も標準英語に近い。おそらくフレディよりも幼くしてイギリスに渡ったカシミラ氏については、発音矯正がスムーズに行われたのだろう。フレディの両親の話す英語は強いインド系のアクセントがあり子供たちとはまったく違うし、フレディとカシミラ氏も異なっている。発音一つとっても、家族の中に歴然と違いが存在する。そしてそれは、彼らがたどってきた歴史や生活を映し出すものなのである。

学歴や発音に対する劣等感は推測に過ぎないが、いずれにしても、見知らぬ土地でマイノリティとして生きることに想像を絶する困難が伴ったであろうことは間違いない。映画版におけるラミ・マレックの名演によるところも大きいが、出自やセクシュアリティ、容貌や発音に関して「人と違う」という引け目や劣等感は、それを乗り越えようとするより大きな力、自分らしく生きようとする強い意志や人間的な強さを裏打ちするものであった。だからこそ多くの人が共感し、拍手を送った。劣等感のない人間などいまい。しかしそれにしても、彼が背負っていたものは決して小さくはなかった。

誰が誰を殺したのか？

このような悩み、葛藤を抱えていた彼の「ボヘミアン・ラプソディ」が「プライベートな曲」であるならば、これらを持つ「自分」を殺して、新しい自分、なりたい自分、あるいは本当の自分になりたいという意志をこの曲にこめたのではないか。とりわけセクシュアリティは、おそらく彼にとって最も重要なアイデンティティの一つであっただろう。**つまり、これは彼がゲイであることを告白した、「カミングアウト・ソング」ではないかという仮説である。**

しかも、ファルーク・バルサラという名を捨てて「フレディ・マーキュリー」と改名している。楽曲を作成した時期が複数にわたるため改名の時期との関連ははっきりしないが、今までの自分を捨てて、本当の自分、あるいは新しい自分になりたいという意志の表れだとすることは可能だろう。隠さなくてはならなかったセクシュアリティに対する葛藤を、ひっそりとこの曲にこめたのではないのかというのだ。

もっとも、改名はイギリスではそれほど難しいことではなかったようだ。戸籍があるわけではなく、移民も多い。しかし、改名を打ち明けられたブライアンは非常に驚いたというので、フレディにとっても重要なことであり、バンドにとってもやはりショッキングな出来事だったと考えてよいだろう。

「マーキュリー」の由来については、ファーストアルバム所蔵の「マイ・フェアリー・キング」の歌詞からとったと本人がブライアンに告げたそうだ。フレディ作詞作曲のこの曲の中に「Mother Mercury（母なる水星）」という一節があり、「水星は僕のお母さんだから、僕は水星になるよ」と打ち明けたという。ブライアンは、どうかしてるんじゃないか？　本気か？　と耳を疑い、さらには、「なりたかった別の人間になるためなのだと思った」と述懐している。なぜ「母なる水星」の息子になったのかは謎であるが、乙女座生まれ（９月５日）のフレディの守護星と、ゾロアスター教徒の守護星がいずれも水星であるからとする、やや無責任な説もある。

ブライアンは、本当の自分と公用の自分がいて、名前は公用のために使うのだなという風に受け取ったようである。フレディが自分のプライベートな顔とオフィシャルな顔の二面性を意識していたことは間違いない。冗談好きでお茶目で、楽しいエピソードを多く持つと同時に、とてもシャイで、ごく限られた人にだけしか心を開かない孤独なスターである。名前を使い分けて心を休める時間と場所を持ちたいと考えるのはごく自然なことだ。メアリーも彼のことをactor（役者、演ずるもの）と表現することがあったが、これも同じ理由によるものだろう。

１９８７年にはソロで、プラターズの１９５５年のヒット曲「ザ・グレート・プリテンダー」（見せかけるのがうまい人、なにかをうまく演ずる人という意）のカバーをリリースしている。フレディが歌うとまた意味深で、ぴったりな選曲だといえよう。「僕ほど芝居のうまい者はいない。うまくやってるように見えるだろう。孤独だけれど誰にもわかりっこない」。もちろんフレディの作詞ではないが、きらびやかなスターを演じながら、カリスマの顔ばかりでなく素の自分でいることに自覚的であったということか。いずれにせよ、自分の中に二つの面を見ていたことは間違いないだろう。名前を変えたことは本人にとって、とても重要なことだったと推測できる。

「仮説」の誕生と拡散が意味するもの

これは仮説である。インターネット上で広まってきているので、ここまで読んで、聞いたことがあるという人もいたかもしれない。そうであれば重複することも多く目新しくもなかったかもしれないが、しかしそれがどこから、どのように広まってきたか、考えてみたことがあるだろうか？

まえがきに書いた通り、私がこの説を聞いたのは2018年秋の映画公開直前、ごく最近のことであった。まったく知らなかったので非常に驚いた。そしてなにかしら、釈然としなかった。

正直なところ、私自身は「ボヘミアン・ラプソディ」がカミングアウト・ソングでもそうでなくても、どちらでも構わないと思っている。ただ、なにか引っかかる。この説がどのように生まれ、どのように広がってきたのか。そしてそれはなにを意味するのか。真偽のほどはともかくとして探ってみたい。その先になにかあるような気がするのだ。

【コラム③】「謎解き」のための下準備

本書もここで折り返し。第4章からは「ボヘミアン・ラプソディ」がフレディのカミングアウト・ソングであるという「謎」の答えを本格的に探していく。その前に、謎を解くためにどのような資料をどうやって調べていったのかを少しご紹介できればと思う。本書の編集担当の高橋さんに、リサーチにまつわる苦労話を聞いてもらった。

▽「解答編」の前に

——第4章はいよいよ、楽曲「ボヘミアン・ラプソディ」が、フレディがゲイであることのカミングアウトであるとの仮説がそもそもどこに端を発するのかという、解答編の趣《おもむき》になってきます。原稿全体の鍵を握るのはリサーチですね。これ、かなりの資料に当たられたようですけど、端的にいって、たいへんでしたよね……?

菅原：ほとんど病的だと思います。

——具体的にはどれくらい？

菅原：媒体としてはテレビ番組やDVD、書籍や雑誌、インターネット記事などで、主なところを見える化するとこんな感じです（資料を見せる）。

▽ぐちゃぐちゃのPC

——なんだかすごい量ですが……でもこれは、そもそものリサーチの目的、「ボヘミアン・ラプソディ」という曲に関するものばかりとは限らないんですよね……？

菅原：その通りです。「もしやなにか手がかりが」といろいろ当たりましたけど、結果的に、この中で直接「答え」に結びつく情報が含まれていたものはほとんどありませんでした（泣）。まあ、楽しいのでいいんですけど。ただほんとに大量にあ

（上）映像資料。（下）書籍など文字ベースの資料。

るので、「手がかりを……」と藁《わら》をもつかむ思いで、ドキュメンタリーなんかずっと（2倍速にしたりして）観てると段々朦朧《もうろう》としてきて、意識を保つのがたいへんでした（笑）。

海外の番組が主で、YouTubeで字幕がつくものもあったので助かりました。日本版が出ているものもありましたが、念のためオリジナル版が見られるものはそちらで確認して。困ったのはパッチワークみたいなところがあって。別番組の映像が一部手を加えられて使い回されていることもままあって、こんがらがりました。

――時間的にはどのくらいかかったんですか？

菅原：集中して調べたのは大学の春休みを利用した2019年の2月と3月の2カ月間です。ほぼ毎日ずっと作業してました。2018年11月の映画公開直後に授業でやった時点では、その後自分がこんな深い沼にはまっていくことになるとは夢にも思わず（笑）。年が明けてから、3月末にカルチャーセンターで講座を持つことになり、仮説の謎に向かって走り始めました。それがまず一区切り。

――その後、2019年7月に（まえがきで紹介した）愛知サマーセミナー講座があって。

菅原：はい。終わった次の週に講師室で知り合いの先生に会って……セミナーにお友達も連れてきてくださっていました。「みんなもっと続き聞きたいって言ってますよ、またぜひお茶でもしませんか」って言われた時、突然ひらめいて。「あっ、新書書こう！」と。

――新書なんですね。

菅原：直感的に新書だと。新書が好きというのもあるんですけど。セミナー当日もアンケートで反響がすごくて、来てくれた友人・知人からも激励されてその日は終わったんですけど、まとめる気持ちはその時は別になかったんです。はー、お疲れ

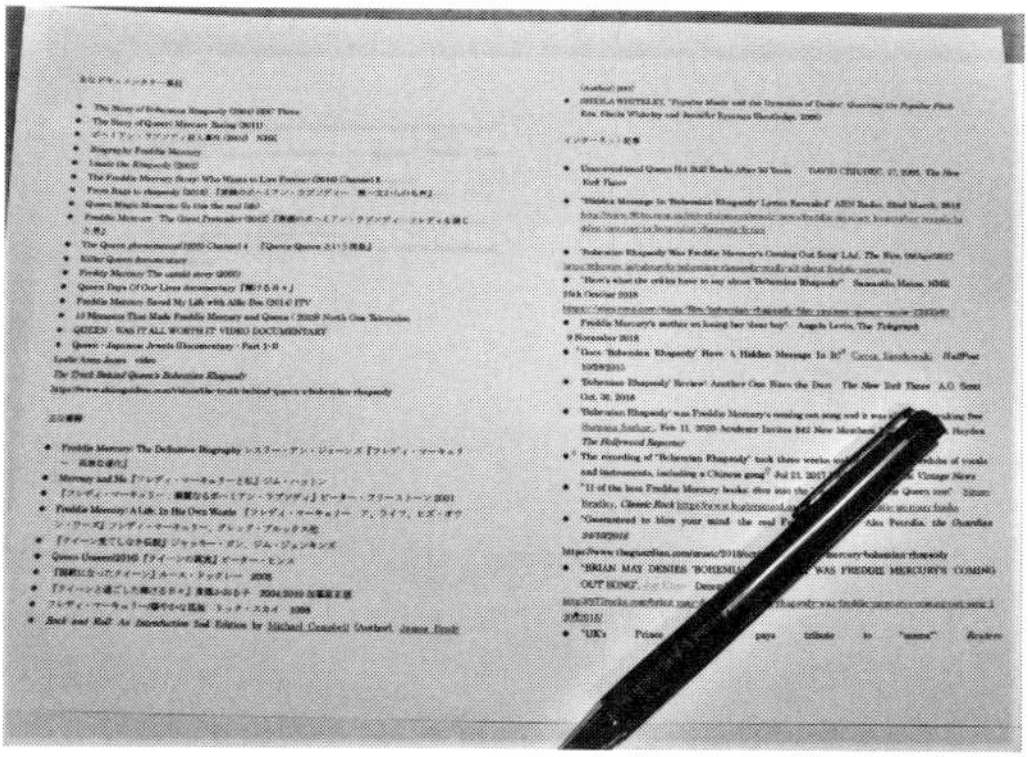

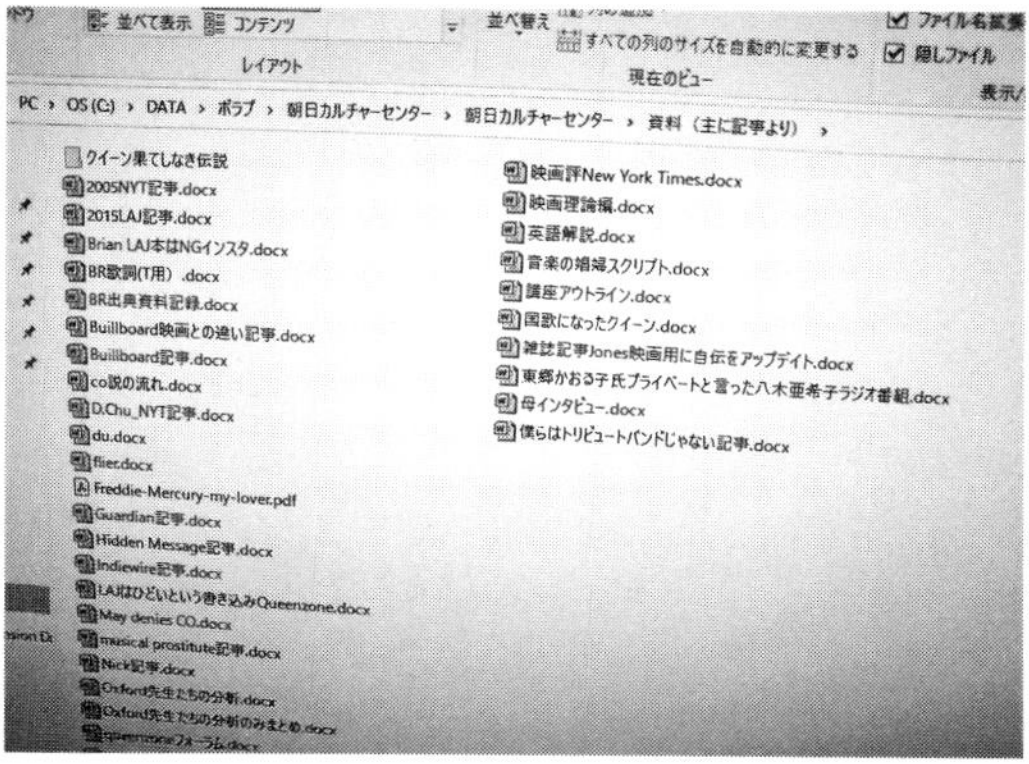

（上）文献をリストアップするとこんな風に。手前は愛用のライトペン。映画館の後ろの隅の席でひっそりとメモ。（下）集めた資料をPC内で整理するだけでも一苦労……（これでもごく一部）。

さま、自分っていう。

――じゃあ一週間後に、突然。

菅原：はい。もちろん、お茶しながらいくらでもお話はするんですけど、そうだ、この話を聞きたい人はいっぱいいるはずだ！　って猛然と思ったんです。サマセミに来られなかった日本中の人がたくさんいる！　と。そして原稿執筆を決めて、期末試験の問題を作りながら書き始めて夏休み全部を使い、後期が始まっても仕事しながらまた調べてずっと書いて、とりあえず脱稿したのが2019年の12月です。その間も新しい記述を発見したりして自分の中でどんどん展開していったので、結構長かったですね。でも面白かった……（しみじみ）。

家に帰ってから続きを書きたい気持ちが心の支え（？）になって、授業にも身が入るっていう不思議な循環も。年明けから始まって、やがて春になり夏が過ぎ、秋風が木枯らしになっても、寝ても覚めてもフレディが……という話ばかりしていて、周りはかなり迷惑だったようです（笑）。夏休みに息抜きで友達と温泉旅行に行った時も、列車で落ち合うなり、書き終えたばかりの原稿をいきなり渡して「読んで」って。彼女は別に洋楽ファンでもないのに。

――お友達はどういう感想でしたか？

菅原：「ごめん、ようわからんし」って（笑）。読んでくれましたけど。いや、ほんと気の毒なことをしました……（苦笑）。

▽授業で「ボヘミアン・ラプソディ」を歌わせる

――「ボヘミアン・ラプソディ」も当初は授業でとり上げられたんですよね？

菅原：11月、フレディの命日の週に。1年に1、2回なにか洋楽はとり上げていて、じゃあちょうど映画が公開されるし、クイーンの布教も兼ねてと。映画館には初日に行きましたが、小さい劇場に8割程度の混み具合という、今思えばマニアックな盛り上がりでした。私の隣は高校生くらいの娘さんを連れた女性で、映画が佳境に入るにつれ、体が前後に揺れ始め、やがてすすり泣きが……。「はっ、先に泣かれたっ」となんだか焦りました。ライヴ・エイドのシーンではひたすら小声で一緒に歌ってました。

――まだ最初はそんなにヒットする感じではなかった。

菅原：でも2週目には大きい劇場に移っていて、あ、お客さん入ってるんだ！　と嬉しかったですね。

――授業での学生さんの反応は？

菅原：なにこれ!?　って感じでしょうか。ビジュアルも、歌詞も。ポカーンって雰囲気。親御さんの影響でよく知ってる人もいましたが、ごく少数ですね。でも、生まれて初めて聴いたっていう人いる？　って聞くと、そういうわけでもない。クイーンという名前も知ってる。「伝説のチャンピオン」とか「ウィ・ウィル・ロック・ユー」も聴いたことはある。

――CMやスポーツの応援歌として耳にしてるんでしょうね。歴史上の伝説のバンド……ビートルズみたいなもの？

菅原：ああ、そうかもしれません。私はそんなこと思ったこともないですけど（笑）。あと、ニヤニヤしてる男子学生が数人いて、キラークイーンとか、隣同士でこっそり喋ってる。

――『ジョジョの奇妙な冒険』！

菅原：それです、それ。他にもなんか言ってたな……。

――「キラークイーン第3の爆弾、バイツァ・ダスト！」

菅原：それです、それです！　漫画にそういうのが出てくるんですってね。何回か聞いたけど、覚えられない（汗）。講師室でも、それまであんまり話したことない先生が私の持ってるＤＶＤを観て声をかけてくださったり。前にこんな番組見ましたよとか、「クイーンと私」みたいな話も聞かせていただいたり。

――思いがけない輪が。

菅原：しかも、それぞれがクイーンに関して「語る」話を結構お持ちなんですよ。私が今度こんな講座やるんですって言うと、「フレディってこうだよね」とか「クイーンは……」と、私が聞かせていただくことが圧倒的に多くて。普段クイーンや洋楽とまったく縁のなさそうな方でも「彼らはみんな高学歴なんだよねー」とか、一通り情報もゆきわたっている（笑）。認知度が高い、あるいは上がったんだなと驚きましたね。

公開から1年経って、2019年にも授業で扱いましたけど、今度は映画を観た人も増えていて、曲をかけたらいきなり口が一緒に動いている強者も出現したりで、これも感慨深かったです。戸惑っている人もいますけど、最後は必ず「歌わせる」。理由は私一人で歌うのが寂しいから（笑）。声をちゃんと出してうまく歌えたら終わるから！　って言うと、みんなあわてて大声で歌います。ほとんど脅迫ですね、これ。

ただ、コロナ禍で今後は教室で思いっきり一緒に歌うことが難しくなるかもしれないですね……。そう思うと、なんというか、とても悲しい気持ちになります。

▽図書館の予約待ち200人

――2018年終わり頃から映画のヒットがメディアでも大きくとり上げられるようになって、その後大ブームになりました。なにか実感としてはありましたか？

菅原：ニュース番組でも一つの現象みたいにとり上げられ始めて、なんだかすごいことになってきたなあと思ったのはたぶん皆さんと同じなんですけど、個人的に実感したのは、公立図書館のクイーン関係の本が2019年の2月半ばくらいからだったか、次々と借りられなくなってきたんです。あれよあれよという間に予約待ち200人とかになって。その時ですね、実感したのは。

私は1月下旬、期末試験などが少し片づいてきた頃、何冊かめぼしい本を借りてたんですね。その頃はまだ普通に借りられたんです。ですがその後、「あ、もう一度確認したいな」と図書館のHPをチェックすると、軒並み貸し出し中になっていました。映画の大ヒットが伝えられてはいましたが、びっくりしましたね。もちろん購入したものもありますが、キリがないので。普段用意のいい人間ではないのですが、多少は「こんなこともあろうかと」少し早めに動いた。めずらしく先見の明がありました（笑）。

――さきほど「テレビ番組がパッチワークみたいで」と仰っていましたけど、書籍などもそうですか？

菅原：そういうものもありました。時系列に見ていって、どの時点でこの発言や記述を入れたのか、あるいは削除したのか知りたい箇所があったのですが、原書の古い版は入手できなかったり。ネット記事はもっとそうですね。まとめのまとめだったり、引用の引用で、途中で文脈が曖昧になったり、場合によっては話がちょっと変わってきてる？　と思うようなところも。出所をはっきりさせていく作業が非常に難しかったです。

――ネットだと発言の転載が容易ですし、書いた人のバイアスがかかることもありますよね。

菅原：署名記事の最初のソースに当たることを原則としましたが、そんなわけで手間がかかりました。ああ、情報はこうやって拡散されていくんだなあと。仮説に関しては噂が噂を呼ぶというか、まとめのまとめが目立っていたように思います。

――それが重要な要素なのかもしれないですね。ネットの特性にマッチしていたというか。特にこういうちょっとセンセーショナルなものは。

菅原：図書館の本が次々と借りられなくなったことも、なにか本質的というか、大きな意味を持っていたんだと、今あらためて思うんですよ。さっきのネットでの拡散とはちょっと違うんですけど――みんな知りたがっていたんだ、と。映画を観て、前からクイーンを知っていた人もそうでなかった人もいたわけですけど、彼らがその後どうしたかというと、まず繰り返し映画館に行く人が続々と出てきた。リピーターが同じ劇場に、あるいは別の形の上映会に遠征していった。

――一緒に声を出して歌える応援上映や、IMAX、DOLBY ATMOSなどですね。

菅原：私の友達は特にクイーンのファンでもなかったんですけど、最初に結構高齢のお母さんがたまたま映画館に行って夢中になり、その後誘われて観に行ってはまって、県外の、とんでもなく遠い特別上映に出かけたりしてるんです。そういうこともめずらしくなかったでしょうね。そしてCDや配信でクイーンの音楽を初めて、あるいはあらためてじっくり聴いた。クイーンのアルバムは2019年、2020年と2年連続で日本ゴールドディスク大賞のアーティスト・オブ・ザ・イヤーを獲得しています。つまり、映画を求め、同時に、彼らの音楽を求めた。4月には映画のDVDが発売され、その後レンタルやケーブル、配信で再び映画に触れた。あるいは初めて観た。

――あ、でも2月に図書館の本を借りるというのは……。

菅原：彼らを知りたい、いえ、やっぱりフレディを知りたいということだと思うんです。もちろんクイーンの音楽に惹かれて、なんですけど、本まで借りて読みたいという熱量にはそれ以上のものがある。ただ、フレディやクイーンの関連本は、コアなファンが買う写真集などは別として、翻訳物の一般書が多くて、いきなり買うのはちょっとハードルが高いんですね。新書のように手頃な値段でもないし、まあまあ冊数もあるので全部買ってると結構たいへん。でも素晴らしいことに、公立図書館はこれらをかなりカバーしているんです。絶版で入手しにくい本もあって、地方の図書館から取り寄せてもらったものもありました。時間はかかりましたが、ありがたかったですね。

――みんな、知りたがっていた。

菅原：まさにそうだと思います。

――そういう本は、どんな内容なんですか？

菅原：フレディやクイーンのこれまでの歩みを綴ったものが主ですね。フレディを看取った最後の恋人ジム・ハットンの手記や、フレディの生い立ちから始まって人生そのものを追う形式のものが人気です。本人が書いたものはなくて、関係者がまとめたものです。

――フレディを知りたい、フレディの「物語」が求められていた、というのは、実はこの「仮説の謎」を解いてからの、本書の大きなテーマの一つなんですよね。そのあたりにもぜひ注目していただきたいですね。

▽意外と侮れないWikipedia

――情報収集の話に戻りますが、たくさんの資料に当たられて、でもこうしている間にも新しい情報が出てきたりもしますし、そのあたりたいへんじゃないですか？

菅原：そうなんです。なにか新しい情報が出てきているのでは？　と時折不安にかられ（笑）、たまに検索してます。実際、忘れた頃に出てくるんですよ。新刊とか、写真集出版は特に盛んですね。ファンの方のサイトで知ることも多いです。ものすごくマイナーな、むかーし放映された番組が突然紹介されていたり。嬉しいやらドキッとするやらで心臓に悪いです（笑）。

――でもネットの情報って侮《あなど》れませんよね。英語版のWikipediaも活用されたとか。これ、すごい量ですね。

菅原：注釈が膨大。使い方次第では頼りになりますよ。あと、ブライアンのサイトなんかでも更新があったりで要チェックです。ただ仮説については、新しい情報はないです（きっぱり）。私が調べたことが絶対正しいとは言い切れませんが、かなりいい線いっているはずです。

――それだけのことは調べた、と。

菅原：もちろん私がカバーできていない情報はいろいろあるわけですが、仮説に関してはこれが決定版かと。もしなにか今後出てきたとしたら、またそれを加えて考察を深めてみたいです。まず証言や記述があり、いろんな人の解釈や分析があり、そこにまた新たな見方をつけ加えたりしてアップデートしていけばいいんじゃないでしょうか。その中の一つに加わることができれば嬉しいんです。

▽アダム・ランバートへの印象の変化

――原稿を書かれて、クイーンに対してなにか見方が変わったことはありましたか？

菅原：それはもう、ブライアン・メイの存在感に尽きます。私はコアなファンというわけではないので、昔から応援している方々にとってはいわずもがなのことかもしれませんが、論を進めるにつれ、クイーンというグループを支えているブライアンの存在がいかに大きいかが段々浮き彫りになってきました。フレディが亡くなってからの折々の発言も、今回のリサーチにおいてとても重要でした。

――Instagram や Twitter の更新がとても多いと聞いたことがあります。

菅原：マメですよ。しょっちゅう更新してます。文章も長めで丁寧。ツアー中の写真をこまめにアップしてくれたり、映画の批判などについても丁寧に答えていたりします。

――ある意味スポークスマンのような。

菅原：つまり、クイーンとは一つのファミリーなんです。ブライアンが家長。でも彼が独裁者でその他のメンバーを抑圧しているわけではない（笑）。そしてアダム・ランバートの存在。ステージでも、ロジャーと共にランバートをいつも気にかけていて、「こいつどうだい？　悪くないだろ？」とか言ってて、もう涙出ますよ。父と息子、ロジャーが叔父さん、みたいになっていて。表記としては、クイーン＋アダム・ランバート（略ＱＡＬ）、クイーンにアダムを迎えて一緒にやっている形です。つまり、フレディの代わりでなく、フレディの歌を、クイーンの楽曲を引き継いでくれるファミリーメンバーの役割をランバートは与えられているんです。

私、最初どうも彼を受け入れられなかったんですね。たぶんこういう人って少なくないんじゃないでしょうか……。やっぱりフレディじゃないと、というか。フレディの代わりになる人はいないんだから、誰をボーカルに据えてもダメだと。ポール・ロジャースと組んだ時も、なんでこんなことやってるんだろうと否定的でした。アダム・ランバートのことも最初、同じように見ていました。ただ、いろいろ資料に当たるうち、やっぱり見ておかないと、と考えが少し軟化してきて、彼が参加した頃からのドキュメンタリーを見たところ……衝撃でした。すごいいいコなんですよ（笑）。正直あのタトゥーは苦手で、今でもあまり見ないようにしてる（笑）んですけど、それは別として、とにかく真摯。まじめ。オーディション番組で勝ち上がってきた本格派ですし、"Wicked" などブロードウェイの舞台で活躍してきただけあって歌唱力は折り紙つき。そしてなにより、フレディに似ていない。でも少し、彼の流れをくむところもある。華やかで艶っぽい。

誰もフレディの代わりを求めてはいないんです。ただ、クイーンの音楽を引き継いで絶やさないでくれる人、これからも歌い継いでくれる人がほしい。そういう意味で彼は理想的です。ブライアンもロジャーも彼のことをとても大事にしている。ロジャーが「きっと、（アダムと舞台に立っているところを見たら）フレディも喜んでくれるだろう」と言っているんですけど、全面的に賛成です。

――この企画がWeb連載で始まる第1回目の公開日（2020年1月30日）がちょうど、QALの日本ツアー最終日、名古屋公演でしたね。

菅原：そうでした！　1月の終わりです。ナゴヤドームでスマホから確認作業をした覚えが。私にとって、クイーンの初コンサートでした。「キラー・クイーン」を艶《なま》めかしく歌うランバートの魅力は彼だけのもので、クイーンの楽曲の見事な変奏曲だと思います。彼自身、フレディが大好きなんですね。そんな彼を見守るブライアンやロジャーの姿に胸が熱くなりました。フレディの映像が映し出される曲もあって、スマホのライトが会場を埋め尽くし、揺れて、まるで星空の下、皆一体となってフレディに思いを馳せました。忘れられません。

▽「フレディの不在」と映画の特性

――ブライアンから、『ボヘミアン・ラプソディ』の続編映画の可能性はないとの発言もありました。

菅原：まあそうでしょうね。観てみたい気がしないわけではないけれど、あの物語の続きがあるとも思えないですし。大ヒットした本編についても、昔からのファンの中には映画は観たくないっていう方もいて、それもわかるんですよね。皆それぞれの思い出があるし、特に初期からのファンにしたらなおさらそうでしょう。ただ、私としては、アダム・ランバートを迎えたクイーンと同じように、フレディの遺志を継ぐ、けれど別のものとして、映画版を受け止めることもできるんじゃないかと。私にとっての映画版は、フレディという稀有《けう》な才人の不在をあらためて確信させるものでした。そしてそれは映画の特性ととてもなじみがよかったのだと考えています。

――映画の特性ですか。

菅原：はい。映画って不思議じゃないですか。観ているのはもうずっと前に失われた、しかもフィクションの時間。なのに、観ている今の、現実の時間ととてもリアルに重なり合う。最初はまったくフレディに見えないラミ・マレックが、段々フレディが憑依したかのように見えてくることも。そしてその見事さに感服すればするほど、失ったものの大きさを痛感する……。私にとっては、このあたりのことをあらためて考えさせてくれたという点で、とても大事な映画です。

第4章　黒幕についての暫定的な結論

リサーチに伴う困難

それでは、楽曲「ボヘミアン・ラプソディ」が、フレディがゲイであることのカミングアウトであるという説はそもそもどこに端を発するのだろうか？

まず出典を突き止めるべく、インタビュー、ドキュメンタリー番組、書籍、記事など可能な限り多くの情報源に当たった。とりわけ、インタビューを含むドキュメンタリー番組が多数ある。番組や記事によっては、以前のものの一部を新たに編集して文脈が曖昧になり、大元のソースの特定が困難なものもあった。

徹底的なリサーチの前にまず立ちはだかった壁は、ほぼ無数に思えるほど大量に存在する彼らの資料の山であった。映像と活字、ネット上の記事など、本楽曲に関連する箇所を探し出すだけでも一苦労だった。日本で放映、発売された番組の中には海外制作番組がオリジナルのものもあり、それらの関連性を確認した。ただし、オリジナルのある一部を活用して編集し、新たな別番組として構成したものもあり（これは海外制作番組にもいえることだが）、あまりに短い取材部分などはパッチワークのようなもので、元々の出典確認が困難なものもあった。日本で入手できるような代表的なコンテンツを海外オリジナルとの関連性を確認しつつ、出典がきちんとしているものを中心にリサーチを行った。

また、出版書籍はともかくとして（ただし再版を重ね、元の版が入手できないものもあった）、それ以上に複雑なのがネット上の雑誌記事であった。署名記事に限定するのはもちろんだが、それでも、オンラインでは元となる著書や記事、発言の転載が容易なため、ニュースをニュースにする類《たぐい》の記事もしばしば目にした。そのあたりも最初のソースに当たることを原則とした。

結論からいうと、おそらくカミングアウト説の口火を切ったのはイギリスの著名な作詞家ティム・ライスである。ただ、年数をかけて積極的に説を広げていったのはレスリー・アン・ジョーンズという音楽ジャーナリストである。

ミュージカル界の大物　サー・ティム・ライス

ティム・ライスは名前に「サー」を冠することからもわかる通り高名な作詞家で、ミュージカル界の大物。アカデミー賞やエミー賞、グラミー賞、トニー賞を獲得するなど輝かしいキャリアを誇る。『ジーザス・クライスト＝スーパースター』『エビータ』などアンドリュー・ロイド・ウェバーとの共作でもよく知られ、最近は『アラジン』『ライオン・キング』といったディズニー作品でも親しまれている。

ライスは、フレディが憧れのオペラ歌手モンセラート・カバリエと共演したソロアルバム『バルセロナ』（1988年）に曲を提供している。当時パートナーであった女優エレイン・ペイジとフレディの交友関係（彼女がフレディと知り合ったのは1986年）を通じて知り合ったとされる。

世界的オペラ歌手カバリエとのコラボは、フレディの熱烈なラブコールにより実現した。1992年のバルセロナオリンピック開会式での歌唱も決まっていたが、惜しくもフレディは前年帰らぬ人に。ホセ・カレーラスが代わりを務めた。「最良の中の最良」とスペイン王室が讃《たた》えた歌姫カバリエも2018年に逝去。

この当代随一の作詞家は、「ボヘミアン・ラプソディ」という不可思議な曲は明らかに、フレディのカミングアウト・ソングであると考えている。

「ママ、人を殺してしまった……」はフレディが古い自分、それまでの自分のイメージを殺したんだ。引き金を引いて殺したのは元のストレート（異性愛）だった自分自身だ。

なろうとしていた男を壊し、新しいフレディとして生きようとした。……けれど、「男の小さなシルエットが見える」……これはまだ、自分がやったことと新しい自分に苦悩している……彼はなんとかうまくやってたと思うかい？　結構うまく折り合いをつけていたんじゃないかな。

（出典：『The Definitive Biography』〈日本版は『フレディ・マーキュリー～孤独な道化～』〉）

ライスはロジャーにも話したそうだが、ただし、すべて自分の考えであるとも断っている。彼は作詞家としてのフレディの才能を讃え、ラジオからこの曲が流れてくるたびに、古い自分を捨てて新しい自分を受け入れようとしている彼をいつも想像していたという。

そして、ライスの見方に触発されてその発言を自著に含め、積極的にその説を広めていったのが音楽ジャーナリストのレスリー・アン・ジョーンズである。

音楽ジャーナリスト　レスリー・アン・ジョーンズ

彼女がいわばカミングアウト説を広めた張本人といっていい。

ジョーンズは１９８０年代前半に音楽業界に足を踏み入れ、音楽番組のホストとして注目される。その後タブロイド紙に音楽記事を寄稿する記者となる。クイーンに初めて取材をしたのが１９８４年。１９８６年にはツアーに同行取材している。１９８５年のライヴ・エイドの際は舞台の袖で伝説のパフォーマンスを観ていた。１９９７年にはフレディの伝記『Freddie Mercury: The Definitive Biography』を出版する。２０１２年の改訂版（タイトル改め『Mercury: An Intimate Biography of Freddie Mercury』、翻訳『フレディ・マーキュリー～孤独な道化～』）出版にあたり取材していた頃に、ライスから仮説を聞かされている。

とはいってもライスが最初からすすんで話したわけではなく、フレディについて何度も長い時間をかけて語り合ううち知ることになったようだ。詳しい経緯は２０１２年８月８日のWindy City Times 紙の記事に詳しい。同紙は１９８５年に創刊された、シカゴのＬＧＢＴ新聞である。

私は思いついたことがなかったけれど、（ライスが）カミングアウトの歌だというの。……それを聞いて、すべてが腑に落ちて、あらためて歌詞を読むと納得できた。彼がゲイであることは、当時のライフスタイルから考えておおっぴらにはできなかった。ゾロアスター教の非常に厳しい教えの下両親に育てられたし、彼らを傷つけたくなかった。

（中略）そして最愛の人メアリーには生涯を通じて決してカミングアウトしなかった。実際のところ彼は彼女を心底愛していた……でもそれは本当の彼自身ではなくて、なりゆきでそうなっていた。楽曲はそんな不安感のすべてを吐き出したもの。

（出典：「Lesley Ann Jones on Freddie Mercury, 'Bohemian Rhapsody'」Windy City Times、２０１２年８月８日）

ジョーンズは音楽記事に限らずテレビのキャスターを務めるなど、精力的に取材、執筆をこなす今やベテランのライターである。デヴィッド・ボウイやポール・マッカートニーといった有名ミュージシャンの伝記も著し、賞も獲得している。

そんな中でもフレディの伝記は代表作となった。死後数年して映画化が企画され、彼女の元にも早くから何度かオファーが舞い込んだが、プロデューサーが音楽の使用権を認めず企画自体がいったん頓挫《とんざ》。その後、没後21周年記念に向けてプロジェクトが再始動し、原案者ピーター・モーガンに声をかけられた彼女は映画に関わることになる。しかし――よく知られるように――主演俳優、監督の交代など諸々が難航し、プロジェクトは再び暗礁《あんしょう》に乗り上げる。結局、モーガンの原案は採用されず、映画は彼らの意に沿うものではなかったが、紆余曲折の末に完成し、周知の通り大ヒットした作品にはコンサルタントとして名を連ねている。伝記はモーガンの意向を取り入れ、映画企画に沿う形で改訂したものが2012年に再版された。その際、ライスの仮説が紹介されている。ドキュメンタリー番組への出演や講演会など、クイーンに関わったことで彼女自身、かなり名を上げた感がある。

だがそれにしても、やはりライスの存在は大きかっただろう。著名なライスの発言ということでこの説は注目され、信ぴょう性も加わった。しかし彼女が外に出て宣伝しなければ拡散もされなかった。インターネットでは転載に次ぐ転載で、一部、どちらが先に口火を切ったのかが曖昧になっているのも、彼ら二人の相乗効果があった証左のようにも思える。

ライスがいつ最初に発言したのか特定することはできなかったが、2000年代に入り、その影響らしきものがうかがえるドキュメンタリー番組が出現し始めた。時系列に見ていくと、意外にも、日本のテレビ局が比較的早い時期に番組を制作している。2002年にNHK BShiで初回放送された『世紀を刻んだ歌 ボヘミアン・ラプソディ殺人事件』である。

『世紀を刻んだ歌 ボヘミアン・ラプソディ殺人事件』

ドキュメンタリー「世紀を刻んだ歌」シリーズの一作で、2人の「捜査官」が殺人事件の謎を探る形式で楽曲の意味や背景の謎に迫る。クイーン結成秘話、画期的だった多重録音の全貌に始まり、曲が「国歌」のように受け入れられた社会背景や、さらにはフレディの生い立ちや内面の葛藤に迫る。楽曲成立の過程や、様々な人物による音楽および歌詞分析も多彩。誰が誰を殺したかという謎解きは第3章で解説したような流れで展開し、複雑な出自、フレディが抱えていたといわれるマイノリティならではの苦悩、そして自己を解放することへの渇望が指摘される。

しかし、あくまでもそれらは暗に示されているだけだ。いってみれば、限りなくカミングアウト説紹介に準ずる内容なのだが、最後までそれをはっきりとは描かない。タイトルは刺激的だが仮説を直接扱う部分は少なく、暗示的である。慎重で、スキャンダラスなところのない良心的な番組だといえる。２００２年にＮＨＫ　ＢＳｈｉで初回放送後も繰り返し放送され、映画のヒットで２０１８年末にはＮＨＫ地上波に初登場となった。２０００年代に入り日本でカミングアウト説が少しずつ広まっていったのだとしたら、この番組が大きく影響したことはまず間違いない。

ＬＧＢＴに関わる社会の動き、受容についてごく簡単につけ加えれば、イギリスでは遡って１８８５年、男性同士の性行為が違法となった。作家オスカー・ワイルドが2年の懲役刑を受けた時代である。それから条件付きで非犯罪化に法律が変わり始めたのが１９６０年代後半。クイーンが活躍し始めた１９７０年代初頭は、ロンドン・ゲイ解放戦線の成立や、性的マイノリティの文化を讃えるプライドパレード第1回開催など、新しい機運が高まった時期ではあったが、それでもなお、好奇や偏見に満ちた空気が溢れていたと想像するに難くない。その後の大きな変革までには実に30年を要し、２００５年に市民パートナーシップが施行され、同性愛カップルに結婚とほぼ同等の権利と義務が初めて与えられた。

西欧社会と比べると日本がマイノリティ受容において一歩も二歩も遅れていることは一目瞭然であるが、だからこそ、このＮＨＫの番組が２００２年に放映されたことは特筆に値するだろう。おそらく多くの人にとってはなじみのない、もしかしたら容認し難い内容を扱うがゆえに、ＮＨＫ　ＢＳｈｉでいわばお試しのように制作、放映されたのではないか。その後ＢＳチャンネルに移って再放送され、ついには初放映から実に20年後に地上波での放映に至った経緯は、マイノリティ受容に関する時代の移り変わりを如実に表しているといえよう。

『The Story of Bohemian Rhapsody』

英語圏の番組でカミングアウト説が最も早く出たのが、第2章でも扱ったこのＢＢＣ制作番組ではないかと思われる。関連部分は10分足らずと短いが、オックスフォード大学の文学研究者5人が伝統的な図書館のような趣ある室内で、ああでもないこうでもないと話し合っている。

「全体を知るために、ファンタジーとリアリティとは何かを探ることがまずやっかいだね……」と一人が口を開く。アカペラの冒頭部、主人公が陥った（とみられる）二つの世界のことである。終始自由な、和やかな、しかし白熱した雰囲気で話し合いは進む。カミングアウト説に直接関連するのは続く発言である。

これを書いた人間のパーソナリティを知れば知るほど、彼は複数の文化のはざまにいて、もしかしたら、セクシュアル・アイデンティティや性癖、習慣において、どの自分が支配するべきか苦悩しているのではないかと思える。

「アフリカ、インド、ロンドン……」と具体的な地名が挙げられるため、彼らの元に前章で総ざらいしたフレディの生い立ちや人間性、ライフスタイル、悩みなどが事前に手渡されていることがわかる。「セクシュアル・アイデンティティ」という言葉がはっきり使われていることは驚きだ。文学研究者が作品を読み解く際に著者のプロフィールを考慮するのは自然なことである。「二つの世界に引き裂かれた苦悩する青年」程度の像であれば、事前情報なしでも言及は容易かもしれないが。

しかし、セクシュアリティに関して、フレディの私生活について情報は伝えられているのだろうが、それだけでなく、歌詞の「震え」「痛み」に注目し、「(歌詞が)多かれ少なかれ、ある種の性的なリズムをたどっている」という専門家らしい指摘が興味深い。もっとも、セクシュアル・アイデンティティばかりが前面に出ているわけではない。「ママ、殺してしまったよ……」「いや、殺してないから…ここはビートルズの曲のもじりで、音がいいからだね……」といった風に、解釈は和やかに、自由な雰囲気で進む。そして最終的には、「まあ、歌だからね」「オックスフォードの学者たちが議論しているなんて、フレディはどう思うだろう？」「きっと喜んでいるんじゃないか、くそくらえ！　ってね！」というところに落ち着く。

超一流大学のお堅い先生たちがロック音楽の歌詞を前に、ああでもないこうでもないと楽し気に意見を交わす光景とはなかなか面白いものだ。答えが出るわけではないが、だからこそ、聴く側は自由に解釈する権利があるのだなと感じさせる。ＢＢＣ制作番組のため反響も大きかったと思われる。もしかしたら、ライスの発言に先立って視聴者の注意を引いた可能性は高い。

素顔のフレディを知る人たち

ドキュメンタリー番組にはフレディと親交があった人たちへの取材を含むものも多いが、カミングアウト説に関して語る友人・知人というのは非常に少ない。以下は貴重な2人の発言。

1）ティム・スタッフェル『世紀を刻んだ歌　ボヘミアン・ラプソディ殺人事件』

クイーンの前身バンドSmileのボーカルで、元々はブライアンとグラマースクールにて旧知の仲。フレディとは1965年、イーリング・アート・カレッジのグラフィック・絵画コースで出会い、共に学生時代を過ごす。真面目で厳格な家庭環境からの反動で段々派手になったのではと語る。ゲイであることへの宗教的偏見に対して、楽曲を通じて母親に告白したのではないか。

2）ジャッキー・スミス『SONG TO SOUL』

デビュー前からフレディと親交があり、後に公式ファンクラブの秘書となったジャッキー・スミスは、ファンの間では有名人。ほぼ40年にわたり今もなお現役でファンクラブを切り盛りする。

彼女は２００８年にＢＳ－ＴＢＳで放送された『SONG TO SOUL』という番組で、長年この曲を聴き続けたファンとしての個人的な意見だと断った上で、楽曲はフレディ自身を歌っているという考えを述べている。当時、ボヘミアン・ムードに溢れたケンジントンには芸術家の卵たちが賑《にぎ》わい、フレディとメアリーもそんな若者たちの一人であった。ゲイと気づかずメアリーと暮らしていたフレディが自分のセクシュアリティに目覚め、それを受け入れたのではないか。曲はおそらく自分のために書かれ、本当の自分を受け入れて心に安らぎを得た。メアリーと連れ立って歩く姿を身近に見ていた彼女はそんな風に思っている。フレディに実際に尋ねたことがあるが、「人間関係さ」「これ以上は言わないよ」という答えが返ってきたそうだ。

いずれも彼らの個人的な印象に過ぎないが、フレディをよく知る人物で――もちろんライスとジョーンズを除いて――仮説を信じるとメディアで発言するケースはあまり見当たらないようだ。ただ、両者共クイーンが売れる前からの知人で、飾らないフレディの日常を知る人物である。そのせいか、発言に独特の親密さが感じられる。

実際のところ、仮説を推し進めるライスとジョーンズをフレディの友人と呼べるかどうかは甚《はなは》だ疑問である。ライスがフレディと知り合ったのはおそらく1988年より早くても2、3年前だと考えられ、すでにクイーンは大スターであったし、ジョーンズはそれ以前より数回ツアーに同行取材などはしているが、やはり仕事のつき合いだけのように思われる。彼らの語るカミングアウト説と旧知のスタッフェルとスミスのそれが、やや異なる印象を与えるのは当然だろう。

微妙なニュアンスの違い――ブライアンの発言をめぐって

2000年代半ばには、新聞記事および学術的な文献においてもカミングアウト説が見られた。中でも、ブライアンの左記の発言を引用した2つの言説に注目したい。

フレディの頭に何があるかはっきりと完璧にわかった。でも当時、歌詞の核心は作者が誰であれ、「プライベート」なことだと、我々の間で暗黙の了解があった。だから今もそれを尊重する。――ブライアン・メイ

1）ニューヨーク・タイムズ

楽曲の最も際立った特徴はその宿命論的な歌詞である。「ママ、人を殺してしまった」「もうどうだっていい」「生まれて来なければよかったと思うことがあるよ」……マーキュリー氏は「人間関係について」と言う以外は、曲について常に説明を拒んだ（彼は自分がバイセクシュアルであることを決して公に認めなかった）。彼の個人的な問題を扱う一つの方法だったと解釈する者もいる。今日バンドはこの歌の秘密を未だに守っている。

（出典：「クイーンの異例なヒット30年後も未だ揺さぶる」デヴィッド・チュー　ニューヨーク・タイムズ紙、２００５年12月27日〈２００６年１月10日再掲載〉）

この後に前述のブライアンの発言が引用されるわけだが、この文脈で読むとブライアンの「プライベート」という言葉は否応なく「セクシュアリティ」に限定される。つまり、記事にわざわざ（彼は自分がバイセクシュアルであることを決して公に認めなかった）とあることで、著者の意図が明らかに加わっている。

本来「プライベート」は彼の公ではない、個人的な諸々を指すわけで、必ずしもセクシュアリティに限られるわけではない。引用されたブライアンの発言がセクシュアリティの流れで直接記者と交わされたものであるならば、ブライアンが暗に彼のセクシュアリティとのつながりを示したととれるが、この記事だけでは確定することができない。

そしてその曖昧さゆえ、同じ引用が別の文脈でとり上げられ、まったく違う意味合いに解釈されている。

2）『Rock and Roll: An Introduction』

ロック音楽の概要を示す入門書。著者はピアニストであり、音楽学部を擁するウェスタン・イリノイ大学の名誉教授のマイケル・キャンベル。ロック音楽の歴史を学ぶ講義を長年担当し、本書はテキストとして使用されていた。

ここで著者は、楽曲の主に構造を分析し、「ボヘミアン・ラプソディ」のオペラ・パートがマルクス兄弟の映画『オペラは踊る』の素晴らしいパロディであることを論証しようとしたが、メンバーはそれを認めようとしないという文脈でブライアンの発言を引用している。さらに、ブライアンの発言は、ジョン・レノンのＬＳＤと「ルーシー・イン・ザ・スカイ・ウィズ・ダイアモンズ」には一切関係がないという言及を思い出させるとも述べ、つまり、説得力に欠けると指摘している。

本楽曲がパロディであるかどうかはさておき、重要なのは、ここでブライアンが示しているフレディの「プライベート」に関わることが、決してセクシュアリティに限定されない点である。「私的な」ことであるので含まれるかもしれないが、限定することはできないはずだ。前出のニューヨーク・タイムズ紙におけるチュー氏の記事のように、その直前に「セクシュアリティ」と意図的に特定してあれば話は別だが。

引用元は２００５年とあるので、おそらくチュー氏の記事だと思われるが、文脈によってこれほど別の流れでの解釈が可能になることが興味深い。ニューヨーク・タイムズ紙という主要メディアから発信された記事の影響力が決して小さくはなかったことを示すとも言えるだろう。

なお、ブライアンはカミングアウト説に関して、その10年後の２０１５年にＢＢＣに対し、次のように述べている。

何についてだって？　誰にもわからない。僕の知っている限りフレディは決して話さなかったし、知りたくもなかった。そうあるべきだろう。

大衆はフレディを受け入れても同性愛を受け入れたわけではなかった

また、学術論文にも本楽曲がフレディのセクシュアリティの告白であるとするものがある。著者のシーラ・ホワイトリー（２０１５年没）はサルフォード大学名誉教授を務めたポピュラー音楽学研究者。プログレッシブ・ロックやポピュラー音楽におけるジェンダーやセクシュアリティ分析の専門家で、イギリスではこの分野で学問的に認められた最初の人物だった。彼女の論文「ポピュラー音楽とその欲望の力学」はクィア（性的少数派）への幻想に基づいた概念的な枠組みを通し、ポピュラー音楽とその欲望の力学を探る。フレディはそのケーススタディの一つで、「ボヘミアン・ラプソディ」の歌詞と音楽も、セクシュアリティや欲望といった視点から分析される。当時タブロイド紙を賑わせていたフレディの私生活をかなり考慮したもので、１９７５年は、７年越しの同棲生活を送っていたメアリーとフレディにとっての転換期であったと指摘。メアリーと同居しながらも初めてゲイの恋人を持つようになった彼の、「安住」（メアリー）・「脱出」（男性の恋人）・「自らのセクシュアリティへの気づき」という三重の相克《そうこく》が表現されていると読み解く。

心の叫びを向ける対象のMamaはメアリーを指し、Mama Mia, let me go（ああ、僕を行かせて）は彼女と別れたい気持ちを、特徴的な合唱パートの男性的な声と女性的な声のかけ合いは二つのセクシュアリティの葛藤を表す。フレディの心の混乱はギターソロのクライマックスでjust gotta get out（ここから逃げ出さなきゃ）という「絶望」を思わせ、続くピアノソロのNothing really matters to me（どうだっていい）では緊張が解け、「諦め」と「解放感」の両方が示される。曲全体が彼の物語のように構成されているとし、歌詞だけでなく曲の作りや歌い方についても分析されている。

本仮説はこの論文の中心テーマではないが、ヒット曲を題材に、アイコンとしてのスター・フレディを、ジェンダーやセクシュアリティの視点から広く学術的に読み解く作業がされていたことは非常に興味深い。著者はフレディの他、ヘヴィ・メタルのミュージシャンに見られる超・男性性（ハイパー・マスキュリニティ）などについても説明。エルヴィス・プレスリーから始まり、プログレッシブ・ロックやグラム・ロックといった当時の音楽文化にも時代背景と共に鋭く切り込んでいく。

たとえば、当時のフレディのスタイルはしばしば「キャンプ」と評される。これは大仰《おおぎょう》でけばけばしい様式のことを表す言葉で、美学・文芸批評において使われる。他にも例を挙げるとT・REXやロキシー・ミュージック、「異星からやってきた救世主」というコンセプトに基づいた、デヴィッド・ボウイが演じる異形の架空スター、ジギー・スターダストなどが当てはまる。なお、「キャンプ」の概念を一般に広めたスーザン・ソンタグの論考「《キャンプ》についてのノート」は『反解釈』（ちくま学芸文庫）に所収されている。

フレディは伝統的なロックミュージシャンの力強さや異性愛的なものとはまったく対照的な存在だった。その両性具有的あるいはバイセクシュアルな特徴はいっときもてはやされたが、しかしそれは一般大衆が同性愛を受け入れたことを意味しなかった。同じく1970年代にイギリス政界を揺るがせた、政治家ジェレミー・ソープと同性愛の恋人ノーマン・スコットのスキャンダルについて繰り返し触れられていることにも注目したい（「ソープ事件」と呼ばれるこの一連の騒ぎは2018年にヒュー・グラントとベン・ウィショー共演でドラマ化もされ、大きな反響を呼んだ）。

性の解放が進む一方で現実には大きな壁が立ちはだかる中、本楽曲はゲイの男性の欲望を

「祈り」の形で表した、社会や文化への、かつ音楽的にも果敢な挑戦であったというのがホワイトリーの見解である。

レスリー・アン・ジョーンズ再び

ライスの発言をジョーンズが初めてとりあげたのが2012年頃のこと。その後、ジョーンズ本人によると「曲が発表されて40年という節目でもあり」、2015年に新たな動きがあった。すでに紹介したライスの説を補強する証言のようなものを、インターネットに掲載したのである。

（「Bohemian Rhapsody Was Freddie Mercury's Coming Out Song」THE WIRE、2015年10月30日〈2017年4月9日再度掲載〉）

1）実は以前、フレディに訊いていたのだと告白

記事は2012年にライスを引用しながらWindy City Times紙の取材で話したことの確認から始まる。1986年のブダペストツアーに同行した際、オペラ・パートの登場人物に

関する自説をぶつけたエピソードはすでに自著に掲載済みであった。実はその際、さらにその続きがあったという旨である。

ジョーンズはフレディに歌を生み出す創造力の源はなにかと訊《き》き、かなり多くの言葉を尽くして、この楽曲が念入りに隠された性的指向の告白なのではないかと切り出したという。彼の育った厳格な家庭環境、派手なライフスタイルをおおっぴらに楽しむ自由など決してないこと、ゲイとして公に生きることはできない状況でつき合ったメアリーや、ドイツの女優、複数のゲイの恋人との交友関係……。そんなやりとりをフレディは拒《こば》まなかった。そしてただ「バッド・タイミング!」と返したというのだ。

この返答をどう受け取るべきかは明らかではないが、ジョーンズはフレディとのやりとり――おそらく声の調子や態度も含めて――から、カミングアウト説に確信を持ったのだった。

2）ジム・ハットンの証言

そしてもう一つ、説を補強するものとして、最期までフレディを看病した恋人ジム・ハットンの証言を発表した。ハットンはフレディの死後は故郷のアイルランドに帰り、遺されたバンガローで暮らしていた。そして訪れたジョーンズに、カミングアウト説について「きみの言う通りだ」とハットンが言ったという。

ストレートとして振る舞ってゲイであることを公にしなかったのは家族のため。フレディと何度も話す機会があった。「ボヘミアン・ラプソディ」はフレディの「告白」だった。もしも自分自身でいることができたら、自分の人生はどんなに違っていただろうか、もっと幸せだったかもしれないのに。人々はこの曲を複雑な音楽形式に秀でた傑作として聴き入った。が、隠されていたのはごく単純なことだった。マネージメント側もバンドも、彼の人生において誰もが、死ぬまでフレディが病気であることさえ認めなかった。だってそれが彼のビジネスだったから……。この曲についても同じように感じていた。

ジョーンズはこれを聞いて「ボヘミアン・ラプソディ」についての真実が明らかになったと喜んだが、当時は皆と共有しようとは思わず、著書には収めなかった。だが、楽曲発表40年目の節目ということで２０１５年に公表。なお、ハットンは２０１０年に癌のため他界した。フレディとの親密な会話がジョーンズによって公にされたことは知る由もない。

むろん、真偽のほどはわからない。しかし、ジョーンズがなにやら「ジョーカー」的な雰囲気を漂わせるのも事実である。プタペストツアーの際のフレディとの重要な対話は１９８

6年のことだが、著書には含められていない。ハットンとの秘話と同様、その時点では公にする気持ちがなかったということか。あるいは、出版の前提として、著者の個人的な見解ではなくフレディの全体像を描く伝記が求められていたためにカットせざるを得なかったのかもしれない。

しかし当時「カミングアウト説を本人にぶつけた」というのは、2012年のWindy City Times紙掲載の記事において、仮説を言い出したのはライスで、「思いついたこともなかった」という発言と明らかに矛盾する。

言い出したのはどっちなのか？

事実、転載による転載によって、カミングアウト説を言い出したのはジョーンズで、それにライスが同意したとなっている記事も見られる。このあたりはインターネットならではの、曖昧な情報拡散の表れだ。

いずれにしても、間違いないのは、ジョーンズがカミングアウト説を強力に推しているということだ。

当初、偶然ラジオで聞いたカミングアウト説に、いったいどこから始まったのだろう？と率直な疑問を抱いた私のリサーチは、とりあえず答えを得たようであった。

しかしまだなにかすっきりしない。正直なところ、カミングアウトかそうでないかはどちらでも構わないのだ。それよりも、この言説が生まれ、広がりつつあることについて、どうもなにかひっかかる。

本当のリサーチはそれからだった。

【コラム④】 初期クイーンのキーワード「キャンプ」

▽METの「キャンプ展」

２０１９年５月９日から９月８日にかけてニューヨーク・メトロポリタン美術館（ＭＥＴ）でCamp: Notes on Fashion（「キャンプ：ファッションについてのノート」）展が催された。セレブが集まる豪華絢爛なガラ（オープニングのファッションの祭典）も大人気で、共同主催者としてレディー・ガガやハリー・スタイルズらも名を連ねる華やかさ。ファッション誌にも大きく紹介されていたのでご覧になった方もいるだろう。この「キャンプ」という概念、あまり耳慣れない言葉だが、実は初期クイーンのスタイルとたいへん親和性が高い。残念ながら、私は実際にＭＥＴを訪れることはできなかったが、展覧会のカタログや参考文献、資料から、クイーンに多少なりとも関連しそうなトピックを大雑把ではあるが紹介したい。

「キャンプ」という言葉そのものが定着したのは１９６４年、批評家スーザン・ソンタグがエッセイ"Notes on Camp"（「《キャンプ》についてのノート」）を発表してから。しかしその曖昧さなどについて批判もあり、文学やアート批評の中で言及は続いてはいるものの、昨今は流行りというわけではなかった。しかしタイトルを見ての通り、この展覧会は彼女のエッセイを軸に据えたものである。前年に公開された映画『ボヘミアン・ラプソディ』のヒットがわずかでも影響したのかどうかはわからないが、再びこの概念が注目されて、1970年代の彼らをあらためて振り返ることができるような流れがあったことに、なにやら心が弾む。

さて、「キャンプ」とはなにかというと説明がなかなか難しいのだが、この展覧会の目玉の一つがクイーンファンにはおなじみ、1970年代に彼らの衣装を手がけた世界的デザイナー、ザンドラ・ローズであったといえばイメージが伝わるだろうか。

▽伝説の白鷺ルック

ザンドラ・ローズはアヴァンギャルド（前衛的）な女性服で有名なイギリス出身のデザイナーである。1940年生まれでデイム（ナイトに相当する称号を与えられた女性への敬称）の称号を冠し、顧客リストにはかつては故ダイアナ妃や故エリザベス・テイラー、今も「キャンプ」の女王と謳われるシェールなど多くのセレブの名が並ぶ。ファッション界の大御所だが、ショッキングピンクの髪にヴィヴィッドなコスチューム、カラフルなメイクをトレードマークに現在も活躍中である。

１９７０年代前半のある日、彼女はクイーンのメンバーから電話を受けた。ブライアンだったかフレディだったかはっきり覚えていないそうだが、ステージ衣装を探しているという。後日彼らはスタジオにやってきた。フレディは片腕を突き上げたり、両腕を広げたり――おなじみのあのポーズで――部屋をステージに見立てあれやこれやと試しながら動き回り、目に留まったものを選んでいったそうだ。女性物とか両性的に見せたいからとか、そういう考えは特になしに、ただ気に入ったものを探していたようだと彼女は述懐する。

この時選んだ白いケープとパンツのセットは１９７５年、１９７６年の来日公演でも着用され、日本のファンの間では「白鷺ルック」としてとりわけ愛されている。フレディが腕を広げるとぱあっとケープが広がり、美しいプリーツが現れ揺れて、ステージ映えすることこの上ない。ブライアンも同じく豊潤な白のフリルで応える。ブライアンがその後のツアーで着用していた中世の騎士のような白のブラウスや、サテンの柔らかなボレロ風の衣装もよく知られている。ひらひらと舞う袖口と細かな脇のドレープが醸《かも》し出す優美さはまるで貴公子のよう。大いにインスパイアされた少女漫画が日本で次々と生まれたのもうなずける。ただし、その強烈さも明らかで、作り込んだ技巧的な様式美、甘いだけでなく毒のように強い個性が特徴的だ。そしてそれはもちろん楽曲「ボヘミアン・ラプソディ」（およびその画期的なプロモーションビデオ）、あるいは主にそれ以前の数曲にも見られるクイーンの音楽性とも見事にマッチする。

これらの衣装は2020年初めに開かれた「クイーン展ジャパン」でも実物が披露され大きな話題となった。ただ、残念ながら新型コロナウイルスの影響で東京と横浜以降の巡回は中止となり、実物を間近に見る絶好の機会に恵まれなかった多くのファンは（私も含め）涙をのんだ。

このように、ローズが花を添えた初期クイーンは間違いなく「キャンプ」であろう。きらびやかで過剰、妖艶《ようえん》、毒気、逸脱、ゲイ、あるいはバイセクシュアルを彷彿とさせるイメージ。ただ「キャンプ」ってなに？　と問われると、これがなかなか難しい。

▽キャンプの本質

美的なカテゴリーとしての「キャンプ」という言葉の由来は諸説あるが、男性の同性愛者による大げさな振る舞いや言葉づかいなどに端を発する。1890年代半ばに英語では初めて「同性愛者のようなタイプ」という概念が生まれ、オスカー・ワイルドはそれと密接に結びついた文学を生み出した（研究者ファビオ・クレートによると、ソンタグを「ミス・キャンプ」とすると、ワイルドは「ミスター・キャンプ」である）。1909年には英語圏の男性同性愛者の言動やファッションを意味するスラングとしてオックスフォード英語辞典（OED）に収録された。それでも長い間アンダーグラウンドだったこの概念を一気にメインストリームに押し上げたのが、1964年のソンタグによるエッセイだった。

彼女によると「キャンプ」とは、名前がついておらず、ついていても説明されたことのないもの。「それは近代的な感覚であり洗練の一種であるが、必ずしもそれと同一ではない」。「キャンプの本質は、不自然なものを愛好するところに――人工と誇張を好むところに――ある」。それは活字の世界に登場したことはほとんどなく、したがって「キャンプについて話すことはそれを裏切ること」とも述べられている。これは、当時の文学・美学批評が伝統的に様式よりも内容、解釈を重んじたことに対し反旗を翻すもので、もっと自由に様式を感受しようという画期的な試みだった。

しかし一般的には「キャンプ」とは、男性の同性愛者や服装倒錯者を表す。そしてそれはあまりに表面的で限定的であると、ＭＥＴ服飾研究所の名物キュレーター、アンドリュー・ボルトンは言う。「これらは間違いではないがそれだけではない」と。彼はソンタグの提唱した本来の美学的な意味に立脚し、もっと自由に柔軟に自らの感覚を信じよと「キャンプ」の復権を謳った。

キャンプ展では17世紀・ルイ14世の時代から現在に至るまで、２５０点以上の衣装、彫刻、絵画などが展示され、「キャンプ」の華麗な美学の源をたどった。ソンタグが提唱した、皮肉、ユーモア、パロディ、模倣、技巧、演劇性、そして誇張の要素がファッションにどのように表現されているか。展覧会のスポンサーであるグッチを含めた名だたるハイブランド――ジョン・ガリアーノ、マーク・ジェイコブス、カール・ラガーフェルド、ジョルジオ・アルマーニ、プラダ、アナ スイ、もちろんローズ、日本からはコム・デ・ギャルソン(少女漫画をあしらったプリントが特徴的だ)等々、多すぎて書ききれない——も華やかにギャラリーを飾る。同時にトモ・コイズミを含む新進デザイナーが多く紹介されたことも特筆しておこう。新旧取り混ぜ、様々な角度から「キャンプ」の変遷を確認し、その精神に触れることができる。

▽洗練と悪趣味の間

ソンタグが「これこそキャンプ」であると具体的に挙げたものを一部紹介すると——ティファニーのランプ。オーブリー・ビアズリーの絵。『白鳥の湖』。ベッリーニのオペラ。19世紀末頃のある種の絵葉書。1920年代の女性の服装(羽毛の襟巻、ひだ飾りやビーズのついたドレスなど)。彼女はメトロポリタン美術館の常連だったので、直接目にしていた所蔵物も多いという。

そしてもちろん、このリストを今風に書き換えることも自由だ。2019年のニューヨーク・タイムズ紙の記事を見てみよう。「キャンプ」なものとして、ドッグ・ショー、シェール、ジョン・ウォーターズ、エリザベス女王などが挙げられている。女王はバッキンガム宮殿では「最もキャンプ」とされ、髪も帽子もハンドバッグも、「色合わせが度を超えすぎている」点が評価された。グッチのクリエイティブ・ディレクター、アレッサンドロ・ミケーレは「女王は世界で最も風変わりな人の一人。大いにインスピレーションを与えてくれる。彼女が色を愛していることは明らか」と評するが、このコメント自体が毒の効いたユーモアに溢れて面白い。洗練と悪趣味の間。しかし、どこかしら女王に対する「愛」のようなものも感じられる。

展示物と併せて、ガラに集まった500人ものゲストの個性的なファッションを眺めるのもよさそうだ。2019年に限らず、そもそもガラは「キャンプ」の見本市のようなもの。うなだれた白鳥が首元を飾り、思わずぎょっとする(悪名高い)「白鳥ドレス」のビョーク。ケイティ・ペリーはシャンデリアのドレスで登場。なんと重さ18キロというガラスを頭上と体の周りにめぐらせ、その重みに耐え、にこやかにレッドカーペットを歩ききった彼女の行動も「キャンプ」だ。レディー・ガガも男性執事数人を引き連れ、長い裾《すそ》をさばくのを手伝わせながら階段を上る。巨大なピンクのドレスに始まって、次は黒のドレス、脱ぐとその下に再びピンク、締めくりはランジェリーと、お色直しを披露し喝采を浴びた。見せつけるような一連の動作、男性に手伝わせて着替えるという設定は演劇性に満ち、ユーモラスで、悲劇的要素もあると高く評価された。脱いだ後の体型もスリムないわゆるモデル体型ではなく、リアルで生々しい。彼女も存在そのものが「キャンプ」だ。

▽カルチュラル・スタディーズへと

「キャンプ」の精神と、フレディあるいはクイーンに共通するなにかを感じ取ってもらえただろうか。音楽の分野においてもカルチュラル・スタディーズの一つとしていくつか興味深い分析がされている。フレディの「キャンプ」的魅力については、第4章で登場した故シーラ・ホワイトリー名誉教授が「ボヘミアン・ラプソディ」の歌詞や曲構成、歌い方における彼のセクシュアリティを論じている。そこにあるのは、それまでの伝統的なロックミュージシャンの持つ力強さや異性愛的なものとはまったく異なるものだ。また、トランシルバニア大学で教鞭をとるイリアナ・ボテスキュ・シレテアヌは「クイーンにおけるクィア：クイーンのミュージックビデオにおける美学とクィア・パフォーマティビティ」で、クイーンのミュージックビデオに見られる彼らのビジュアルが、フレディ自らが同性愛に対処するための治療的な芸術の一部であり、「キャンプ」的なビジュアルの明らかな一例であると主張する。「ボヘミアン・ラプソディ」のケーススタディではマレーネ・ディートリッヒやグレタ・ガルボなどハリウッドのディーバやアンディ・ウォーホルを引用しながら、フレディ本人のセクシュアリティとその曖昧さ、苦悩などを読み解いている。

ファビオ・クレートはキャンプ展カタログにも収録されている「キャンプのスペクタクル」の終わりで具体例を挙げ、音楽や映画、舞台に見られる「キャンプ」を縦横無尽に駆け回ってみせる。音楽に関するキーワードはやはり1970年代に人気を誇ったグラム・ロック。そのジャンルに区分されるアーティスト、あるいはその時代および以降のミュージシャンも含め、枚挙にいとまがない。デヴィッド・ボウイ、ルー・リード、マーク・ボラン、ブライアン・フェリー、エルトン・ジョン……。テーマは映画や演劇にも及び、ジョン・ウォーターズの『ピンク・フラミンゴ』、リンゼイ・ケンプ、ケン・ラッセル、『ロッキー・ホラー・ショー』……。フレディの名も挙げられ、その後にはボーイ・ジョージ、デイム・エドナ・エヴァレッツジ、リベラーチェなどが続く。……マリリン・マンソン、アニー・レノックス、ドナ・サマー、プリンス、マドンナ、レディー・ガガ……。さながら、きらびやかな、ただしありのままでない人工的な魅力にきらめく――まさしく「キャンプ」的な――星々をショーケースに陳列するかのごとく。「キャンプのスペクタクルは文化のタペストリーに織り込まれており、このように完全に浸透しているからこそ、境界は曖昧になり、その存在が知られないままになっているのかもしれない」という言及には説得力がある。

フレディの憧れのアイコン――マレーネ・ディートリッヒ、ライザ・ミネリもキャンプ展に登場している。いずれも演じると同時に、歌う場面が印象深いスターだったことも記しておきたい。フレディが情熱を傾けたバレエ、ゲイやドラァグクイーンのイメージも近しいものだ。彼ゆかりの都市でいえばニューヨーク、そしてミュンヘンだろうか。たとえば、偶然聴いたライザ・ミネリの「キャバレー」にフレディを思い出す。その時彼は心の中で「生き返った」ことになる。クイーン初期だけでなく、最後のアルバム『イニュエンドウ』も浮かぶ。他のアルバムにもそんな匂いのする曲がある。こうしてなにかしら親密なものが連なっていく。そのような発見は間違いなく、音楽(に限らずだが)の楽しみの一つだろう。

とはいえ、クレートは「キャンプとは疑問符であり、感嘆符にはならない」とも言っているのが「キャンプ」の厄介なところ。とりわけファッションに限れば、ボルトンの「キャンプ」の定義は実はもっと複雑なようだ。彼は「終わりのないリストこそが、『キャンプ』の決定的な特徴である」とも述べている。どうやら一筋縄ではいかないようだ。

ただ興味深いのはボルトンの、若い世代の反応についての言葉だ。「彼らはドラァグクイーンや性の流動性について話しても、特に意識しておらず、『キャンプ』を古くさい用語のようなものとしてとらえている。なぜならゲイカルチャーは日常生活の中にすっかり溶け込んでいるからだ」

さらりと触れているが重要な鋭い指摘だ。そしておそらく日々それは動き、変わっていくのだろう。それでいいのだと思う。

第5章　「仮説」はなぜ生まれ、広まったのか

そこにあるのは悪意なのか

前章では楽曲「ボヘミアン・ラプソディ」の「カミングアウト説」がどこで生まれ、どのように広まっていったかを具体的に検証してきた。曖昧なところもあるが、おおまかには示せたのではないかと思う。なのに、それにしてもこのすっきりしない感じはなんなのか……。

実際、この曲がフレディのカミングアウトなのかそうでないのかはともかくとして、それはたぶん、彼が明らかにしたくなかったであろうプライベートな面を心ならずとも嗅ぎ回っているようで、なんとも後ろめたいというか、申し訳なさのようなものを覚えるからだ。これって……単なるゴシップじゃないか？　それはタブロイド紙をはじめとするメディアがずっとやってきたことだ。そう、クイーンの「敵」であったといってもいいくらい、とりわけイギリスのマスコミは彼らに辛辣であり続けた。世界に先駆けていち早くクイーンを発見し、惜しまぬ声援を送った日本のマスコミの存在を知っている私たちにとっては少し意外かもしれないが、本国では長いこと、クイーンにとってメディアは敵も同然であった。音楽が評価されるのにも時間がかかったし、次々とヒットを飛ばして名実共に大物になった後でさえ、常にタブロイド紙に追い回され、ズカズカと、無礼な、音楽にまったく関係のない私生活に関する質問を浴びせかけられる。とりわけ、フレディのセクシュアリティはことあるごとに恰好の標的となった。

もちろん、私にそんなつもりはない。彼らの音楽、クイーンというバンドそのものに惹かれるファンは皆そうだ。ゴシップを深く追及するつもりなどない。しかし「ボヘミアン・ラプソディ」という不可思議な曲をよりよく知るためには、そうも言っていられないようだ――フレディがこの曲をとても「プライベート」であると言っている以上は。そして、この仮説そのものがまるで生き物のごとく、動き出しているような気配すら感じる。どこかで生まれ、流れ、ふわふわと動きながら私たちの中をすでに漂っている。それはいったいどこに向かっているのだろうか。

楽曲「ボヘミアン・ラプソディ」の謎を解くことがそもそもの出発点だったが、いまや仮説の発生とその行方を追いつつ、その背景に何があるのか追求することが、より重要なようにも思えてきた。確信があるわけではないが、さらにその向こうになにかが見つかるような気もするのだ。

カミングアウト説の出所について突き止めることができたというのに未だ残るこのすっきりしない感じの原因は、説の根本あるいは拡散の周辺に、人間の「悪意」あるいはそれに近いものが深く関わっているからではないか。そして、そう仮定するのはあまり心地よいものでもない。なぜならば、その根っこにあるのはやはり「ゴシップ」という性質だからだ。楽曲そしてフレディの周りに渦巻く、ドロドロしたもの、非常に人間くさいものに直面する作業になる予感を抱きながら、仮説がどのように生まれたかを考えてみたい。

ジム・ハットンとポール・プレンターの苦しみ

まず、フレディの最期の日々をロンドンの邸宅で共に過ごしたパートナー、ジム・ハットンをとり上げてみる。おそらく彼に悪意はない。人はみかけによらないともいうが、クマさんみたいな風貌の、素朴で朴訥《ぼくとつ》とした印象を誰もに与えるハットンは、上手く駆け引きをしたり、人を陥れようと狡猾《こうかつ》に立ち回ったりということからは程遠いタイプのように思える。元々は美容師で、フレディと出会った頃はロンドンの高級ホテル、サヴォイ・ホテルの美容室に勤めていた。出会った時すでに大スターだったフレディのこともよく知らず、コンサートもフレディが連れて行ってくれたライヴ・エイドが初めてだったという。

その後関係が深まってから彼はフレディに尽くしていたが、同時に振り回されてもいたようだ。他にも恋人がいたフレディの「当て馬」にされたり、逆に他の男と一緒にいるところを見せつけられて嫉妬《しっと》心をあおられたり。海外ツアー中のフレディから急に呼び出され、ロンドンから駆けつけることも何度かあったという。自由奔放なフレディに翻弄され、つらい思いもしたようで、このあたりのくだりについては同情を禁じ得ない。恋の駆け引きなどとは無縁で、おそらくだまされることはあっても人をだましはしないタイプの人なのだろう。後に美容師の仕事を辞し、フレディの邸宅ガーデン・ロッジの庭師として共に生活をするようになる。シャイで、親しい人との時間を大事にするフレディは気に入った人間を自分の周りに置くことを好み、同様に長いつき合いとなったパーソナルアシスタントや元恋人の存在もよく知られている。

ハットンはフレディの死から3年経った1994年に回顧録『フレディ・マーキュリーと私』を出版し、朝のテレビ番組で取材も受けている。本を出した理由を訊《き》かれ、それは「自分のため」――つまり愛する人を失った悲しみを癒すため――であると語っている。最後の7年間を共に過ごした彼としては、フレディが（ゲイである）自分をずっと偽っていて、それを不憫《ふびん》に感じる気持ちがあったのかもしれない。ジョーンズが水を向けなくても、話したいことはたくさんあっただろう。さらには、メアリーへの対抗意識から、自分とフレディとの絆の深さを公にアピールしたい気持ちもあったのではないか。実際のところ、メアリーを含む彼ら3人の関係は常人の理解を越えており、傍《はた》から見て複雑かつ不思議に映る。彼ら2人が共にフレディにとって重要な存在であったことは誰もが知るところで、コンサートツアーに両方を伴って旅することもあったという。しかし最後の日々を共に過ごしたロンドンの贅沢な邸宅はメアリーが相続して、ハットンは早々に追い出されており——フレディは彼にも財産や住居を遺贈しているが——2人の間には大きな確執《かくしつ》が残った。ハットンは自分が屋敷に残ることをフレディが望んでいたと主張し、両者が和解することはなかった。

映画でも、フレディとメアリーの関係は一種の「ソウル・メイト」として美しく描かれ、より重視されている。ハットンの存在は、晩年のフレディを大きく支える重要なものとして描かれているとはいえ、映画を観た人にはメアリーとの断ち切れない絆の方が神秘的で、特別な印象を与えるだろう。ハットンは2010年に死去しているため、映画には実際に関わっていない。したがってこれは想像に過ぎないが、ハットンの中に、フレディのカミングアウトについて発言することで、彼との親密な関係を周囲に示したい気持ちがあったことは大いにありうるだろう。ただしそうであったとしても、それは責められるべきことでもない。それは人の持つ「弱さ」であり、「悪意」とは一線を画すものだからだ。

映画版における元マネージャーのポール・プレンターの描かれ方に「悪意」を見ることは十分可能である。10年近く、フレディのパーソナルマネージャー兼パートナーとして親密な関係を築いていたものの、メンバーやメアリーとの仲を引き裂く役割を演じ、その後フレディの私生活をマスコミにリークし大金を得ていたのだから。

ただ彼もハットンと同じく、個人的にごく親密な関係にあったからこそ、一連の品性を疑う行動は愛憎の裏返しとして表れたもので、悪意というよりは、こちらも人間の弱さゆえのものであるといえよう。確かに行きすぎた下劣な仕打ちだったが、どうでもよい関係であればこれほどまでにこじれることもなかったはずである。ポール本人のいうところの、アイルランド人、カトリック、ゲイという三重の「マイノリティ」の苦しみを背負った彼は、自分をいったん受け入れてくれたフレディに対し、どうしても断ち切れない思いがあったのだろう。独占欲を募《つの》らせたか、あるいは彼を失うことを恐れたのか。映画ではプレンターの悪党ぶりがあまりに極端に描かれており、作品の出来映えをやや損なってはいる。ブライアンとロジャーが監修をしている以上、少なくともメンバーにとって許せない存在であったことは間違いないだろうが。

レスリー・アン・ジョーンズの思惑は

それでは、音楽ジャーナリストのジョーンズはどうだろうか。ポールほどあからさまではないにせよ、ジョーンズがフレディのセクシュアリティ云々《うんぬん》について本や雑誌に記事を寄せたり、番組や講演で発信するのはなにゆえなのか。彼女は4回クイーンのツアーに同行取材し、公式には一度フレディにインタビューを行ったという。著書には幕間《まくあい》のエピソードは出てくるが、所詮は仕事を通した知人で、フレディと個人的に親しくしていたわけではない。したがって、彼女がフレディに対して（ポールのケースのように）悪意を持つ理由はおそらくない。

実はジョーンズの著書『フレディ・マーキュリー～孤独な道化～』は、数多く出回っている関連本の中でもよくまとまっており、映画でクイーンやフレディ・マーキュリーという人物に興味を持った人が最初に読む本としてお勧めできるものである。タブロイド紙サンデー・エキスプレスやメール・オン・サンデーへの寄稿記事を加筆修正したもので、１９９７年に初出版され、その後２０１２年に改訂・再版された。フレディの生い立ちから始まってほぼ時系列順に編《あ》まれており、バンド全体の活動の歴史をたどるのにも便利な構成になっている。年代別、かつ地理的にも分類されており、この年はニューヨークに渡ってこのアルバムを制作したとか、ドイツはミュンヘン時代の数々のエピソード、その後スイスのモントルーで録音した時の様子など、グループの長年の動向を俯瞰的にとらえることができる。本の終わり部分では、病に侵されたフレディの最後の日々、死、葬儀、そして死後にまで及んだ彼の影響力——追悼コンサートや、２０１２年にハリウッドで映画化が告知されたことなど——についても言及されている。

ただ、気になるのは、音楽活動以外の、人によってはあまり知りたくないような内容も書かれている点である。フレディのプライベートな面——当時誰とつき合っていたとか、時代的なこともあるが、夜通しの乱痴気騒ぎなど——も決して隠そうとせず、赤裸々に綴られている。映画でもこのあたりのことはざっと描かれていたが、ファンでなくともあまり知りたくなかったなという話も出てくる。

著名なアーティストに関する記述が——特に死後に——「暴露」のようになるケースは多々あって、タチが悪いなと思わせるものが出回ることもめずらしくない。フレディに関しては、個人的にそう親しくもなさそうな仕事関係者が本を出したり喋ったりすることもあったし、親しい間柄でもこれはあまりに踏み込みすぎではないかと思うものもある。それを言い出すと、後年、おそらく最も濃密でプライベートな時間を共有したジム・ハットンもそのような面があると認めざるを得ないのだが。有名税とはいえ、特にセクシュアリティの点がセンセーショナルに書き立てられるのは避け難いようである。

さきほど、ジョーンズがフレディとは親しい人物ではないから、そこに悪意はないだろうと書いた。しかしそれが妙でもあるのだ。著書はフレディの「伝記」の範疇《はんちゅう》に分けられるものだが、むろんフレディが書いたわけではなく、彼女の仕事はむしろ本人よりも彼の周囲を取材することにある。ただ、その対象が時に偏っている。著書ではフレディのセクシュアリティに関して、とりわけ楽曲「ボヘミアン・ラプソディ」との関係について主に話を聞いた人物はハットンであり、サー・ティム・ライスである。ちなみにメアリーの発言は一切ない。どちらかといえばジョーンズ自身の考えやプランが先行している、という印象を持つ箇所がいくつかある。

彼女はいまや多数の著作を持つ、飛ぶ鳥を落とす勢いのベテランジャーナリストだが、元々はタブロイド紙の音楽記者であった。タブロイド紙の目玉は有名人のゴシップだ。ラジオやテレビでも活躍し、マーク・ボランやデヴィッド・ボウイの伝記出版や、ポール・マッカートニーやザ・ローリング・ストーンズなど大物の取材も多くこなすようになった。実績もあり評価もされている。ただ彼女の経歴を見ると、書かれたものの信ぴょう性について少々慎重にならざるを得ないように思う。

また、これも私の個人的な意見だが、ドキュメンタリー番組や講演で彼女がこのカミングアウト説について話す様子を見ると、なにか違和感を覚えずにはいられない。「特別なことを知っている」といった独特の話し方や、どことなく押しの強い所作、自信に満ちた表情。「百戦錬磨」の言葉がぴったりだ。実際、フレディのプライベートな部分を（一般人よりは）知っている点が彼女の強みであるので、自信を持ってそれを広めるのが仕事ではある。人をだますことはあっても決してだまされないタイプに見えるのも、彼女の職業においては利点なのだろう。そういう意味では優秀な記者である。

実際のところ彼女の意図がなんなのかはわからない。だが重要なのは、このような印象を持つのが私だけではないことである。ファンはより敏感である。コアなファンではない私でも、ちょっと鼻につくな……と感じるのだから、一部のクイーンファンの間ではなおさら、彼女はたいへんに評判が悪い。端的にいうと、とても嫌われているのだ。数としては少ないが、Twitter や Amazon の著書レビューには、次のようなものも見受けられる。

・この人が書くもの、みんなゴミ。
・フレディの自伝の著者は嘘つき。ファンの間では有名なこと。
・真のクイーンおよびフレディファンはレスリー・アン・ジョーンズが書いたものに近づかないように。
・ひどい著者。フレディをよく知ってるなんてことは全然ない。
・この人は音楽についてじゃなくてフレディと知り合いだったってことを書きたいみたい。本人はフレディの友達だったと言ってるけど嘘。フレディの自伝を読みたいならこの本は買っちゃダメ。0点が入れられないから1点。
・レスリー・アン・ジョーンズは基本的に有名人が死ぬのを待ってる。そしたらタブロイドのゴミを出版して結構売れる。友達だったたってやたら言い張る。

この他にもファンサイトでは、ジョーンズがフレディ本人と親しくなかったことを指摘するもの、憶測による部分が多すぎるというやりとりがある。ジョーンズの著書自体は、本のまとまり、読みやすさを評価する声も多いのだが、一方で、プライベートなことについてはもっと慎重であるべきだと怒りを隠さないファンの声も目に付く。

人間の「ダーク・サイド」

つまり、このカミングアウト説の大元にいるジョーンズ、そしてその周辺に見え隠れするのは、人間の暗い側面――「ダーク・サイド」ではないだろうか。もしそれがただのお喋りならばそれは中傷、誹謗であるから「悪意」である。それにジョーンズが該当するかどうかは保留にするとしても、かなりよく言って、行きすぎた旺盛な好奇心といったところではないだろうか。セレブリティの本性をのぞき見たいという興味本位であったり、それをさらけ出したいという欲望。有名人の私生活を知るほど親しい自分を誇示したり、優位性を示したい自己顕示欲。あるいはスターの秘密をあばくことで自ら脚光をあびたい欲望か。よりショッキングで、よりスキャンダラスな方が話はあっという間に広まり、影響力が大きい。あまり行儀がよろしくないのは明らかだが、自らがその源になることは躊躇《ちゅうちょ》するとしても、そのようなゴシップに絶対加担しないと誓える人はそう多くないのではないか。

彼女がただ悪意だけを持ってこの仮説を新聞の記事にしたり、インタビューで喋ったりしたとは考えにくい。おそらく彼女がクイーンのツアーに同行していたのは駆け出し記者の頃だろう。その後業界で長く活躍し、今では安定した評価を得てもいる彼女がフレディを陥れようとする理由は見当たらない。ただ、ジム・ハットンの「フレディが自分のセクシュアリティについて公言しなかったのは家族のため」という告白を直接聞いた上で、その家族が——息子や兄を失ったとはいえイギリス国内で——同じように生活しているのに、その発言そのものを公にすることは、最大限に寛容な言葉を選んだとしても、あまりにも思慮に欠けるといえるだろう。フレディの父ボミ・バルサラ氏は2003年に亡くなったが、母ジャー氏は2016年に他界するまでノッティンガム郊外に生活していた。フレディが1991年に亡くなった後、夫妻は悲しみのあまり、娘のカシミラ家族が住むノッティンガムに居を移している。

フレディが父母や妹たちのことを思いやったのは、おそらく宗教的な面が大きいことは容易に察しがつく。伝統的なゾロアスター教を遵守する家庭において、息子がゲイであると認めるのはたいへん難しいことである。ジョーンズの記事や、高名なサー・ティム・ライスが番組で「証言」する場面を、家族たちが目にしたこともあったかもしれない。母ジャー氏は基本的に取材など表に出ることはない人で、初めて独占取材を受けたのは2012年、ロンドンオリンピック閉会式の後、テレグラフ紙によるインタビューだったとされる。記憶にある方も多いだろうが、盛会に終わったオリンピック閉会式で、参加選手たちを称《たた》えるため数々のミュージシャンたちが実際にステージに登場し、あるいはビデオで名曲を披露し、音楽大国イギリスの底力を見せつけた。

その一連のパフォーマンスの中で、在《あ》りし日のフレディの映像がホログラムとなってスタジアムに現れる演出があったのである。突然映し出されたテレビの中の息子に、母親は「あら！　あなたどこにいるの？（Oh my dear boy, where are you?）」と思わず声を上げたそうである。そしてインタビュアーに向かって得意気に笑みを浮かべ、「ジョン・レノンの映像もあったけど、私のフレディの方が拍手が多かったわ」とつけ加えることも忘れていない。まず「ボヘミアン・ラプソディ」のイントロのみが流れ、後にジョン・レノンの「イマジン」を児童合唱団が歌う場面があったのだ。確かに、ジョン・レノンの姿も大きな拍手に包まれたが、その後、別の場面で突然、誰もの記憶にある、鮮やかな黄色の衣装に身を包んだ在りし日のフレディがスクリーンに出現し、懐かしいスタイリッシュな振り付けと共に高らかに歌い始めると、観客も一斉に声を上げ、スタジアムは熱狂に包まれた。

どの親でもそうだろうが、彼女はロックスターとしてのフレディの髪型や身に着けるものを気に入らず、そのことをよく本人にもこぼしていたそうだ。しかし、「なにをやっていても、なにを着ていても、私に見えるのはいつも私の知ってる同じ子供なの」という言葉には、親としての率直な、そしていじらしい思いが込められている。記事は「有名な息子を持つすべての母親がこのように発言できるわけではない」と締めくくられているが、何歳になっても変わらない——そして残酷にもあまりにも早く失った——息子への、ゆるぎない母の情愛が伝わってくるエピソードではないか。

むろん、フレディの家族が彼のセクシュアリティについて発言することはなかった。ジョーンズの意図が家族を傷つけることではなかったにしても、なぜあえてそのようなことをしなくてはならなかったのかという疑問は残る。悪意ではないにしても、それは思いやりを欠く、人の心の暗い面に属するものではないか。

フレディを守ったメンバーたち

ただ、忘れてはならないことがいくつかある。その一つはメンバーが、フレディのプライバシーを常に守り続けようとした事実である。フレディは生前一貫して、自分のセクシュアリティについて語らなかった。そのことを彼らは尊重したのだ。

「ボヘミアン・ラプソディ」という楽曲について、ブライアンとロジャーはいくつか自分の考えのようなものを述べている。面白いことに、彼らは異なる考えを持っていたようである。ロジャーは「特に説明はいらない。中間にちょっとナンセンスを含んでいるけれど」と発言している。彼はこの曲を理解することを、それほど困難だとはとらえていないようだ。中間のナンセンスとは、おそらく曲のオペラ・パートを意味するのだろう。ナンセンスと表現していることからも、彼はそれを一つのスタイルとして受け止め、特に意味があるとはとらえていない。

一方、ブライアンは逆の見方を示している。

「この曲の意味が難解であることが重要だ。答えは決してわからないし、知っていたとしてもたぶん僕は教えない。……誰にもわからないよ……そういう話をするのは嫌だ」

繰り返し執拗《しつよう》に記者たちから尋ねられるフレディのセクシュアリティについても、彼らが明言することはなかった。

ジョーンズの広めたカミングアウト説を、ブライアンははっきりと否定している。

「僕の知る限りフレディは話さなかった。話したくなかったんだろうし、それはそうあるべきだ。なにか考えがあってちょっとした魔法のようなものを仕掛けるのは好きだったけどね。現実と空想がちょっとずつ混ざったような。誰かがそれを解そうとしても歌詞の中に見出すことは決してできないから、それはきっと無理だよ」

ブライアンのＳＮＳには常に世界中のファンから数多くのコメントが寄せられるが、ある時、「映画はクリーンすぎてお子様連れ向け。だからジョーンズの伝記を買った」という批判があがった。それに対しブライアンは、「あれはフレディについてほとんど知らない人が書いたもの。映画にはフレディの精神の旅に関するもっと多くの真実がある」と答えている。

メンバーがフレディのセクシュアリティについてなにも気づかなかった、察しなかったわけではない。うっかり記者の質問に答えてしまったのか、ある時から、楽屋を訪ねてくる人の種類が変わったとブライアンが言ったことがある。また、アメリカでの人気が落ちた理由について、「フレディがホモセクシュアルだと明らかになった頃から、（人々の）関心が下降したと認めるようになった」というロジャーの発言もある。

しかし、フレディがあくまでも公に発言しなかったことについて、その姿勢を尊重したのに変わりはない。

クイーンの「チーム力」

クイーンのグループとしての絆、彼らのいわば「人間力」「チーム力」とでもいうべき結束の強さについてはすでによく知られている。グループとして苦難の時代もあったが、学生時代に結成した仲間と20年にもわたり、メンバーの入れ替え一切なしで第一線で活躍し続けたロックグループというのは稀である。クイーンは解散しておらず、フレディの死後も別にゲストボーカリストを迎える形で引き継がれている。映画版は実際の出来事をすべて忠実に描いているわけではないが、１９８０年代にそれぞれがソロ活動にシフトし、クイーンあわや解散かという憶測が激しく飛び交った時期もあった。実際のところ、ブライアンによると、それ以前にもグループは常に解散の危機には瀕《ひん》していたようだ。音楽性についてそれぞれが個々の意見を持ち、激しくぶつかり合うこともしょっちゅうで、音楽制作の場では非常に緊張感の高い関係であったことがうかがえる。

映画版では１９８０年代半ばあたりから、フレディはソロ活動にシフトし始め、やがて複雑な人間関係や孤独に疲れ、私生活が乱れていく。ＨＩＶウイルスに感染していることがわかり失意の底に陥るが、再起をかけて、いったん疎遠になっていたメンバーたちと和解し、伝説のライヴ・エイドの舞台へと向かう様子が感動的に描かれている。メンバーたちは一度離れていったフレディを寛容な心で再び迎え入れるが、このあたりはブライアンとロジャーがかなり美化されて描かれているようにも受け取れる。ライヴ・エイドおよびＨＩＶウイルス感染の時期は実際とは異なり、これらは明らかにフィクションである。当時のメンバーとの関係性が本当のところどのようであったか真偽はわからないが、しかしフレディが亡くなってからの彼らの活動を見ていると、少なくとも彼らがバンドを存続させることに全力を尽くしているのは確かである。

フレディが１９９１年に亡くなった後、事実上引退したジョンを除き、ブライアンとロジャーはソロ活動に活路を見出そうとすると同時に、クイーン名義にて新曲・リメイク曲の発表、コンサート、イベントでの活動も続けている。２００４年からはポール・ロジャースをゲストボーカリストに迎え、クイーンの曲を歌い継ぐプロジェクトを開始する。ロジャースとのコラボレーションは５年続き、その後２０１２年から現在に至るまで「クイーン＋アダム・ランバート」ツアーが大規模に行われている。

とりわけランバートとの相性はよいようだ。アメリカの人気オーディション番組『アメリカン・アイドル』をきっかけに注目を集めたランバートは、映画版の人気によってさらに増えた若いファン層へのアピール力も大きい。彼を舞台で紹介し、観客に「（彼は）どうだった？」と茶目っ気たっぷりに声をかけるブライアンの姿は、まるで若い息子を可愛がる父親のようで、微笑ましくさえある。「新生クイーン」を新たに慈《いつく》しみながら育てる父親のようにも見えるのだ。

つけ加えれば、2015年1月に行われたノッティンガム公演の観衆の中に、フレディの母ジャー氏と妹カシミラ氏の姿があった。客席のファンがもしやと少しざわついたが、開演するとまもなく、ステージのブライアンから紹介があり拍手が沸き起こった。当時92歳という高齢だったジャー氏は杖を使いながらも健在で、楽しい時間を過ごしたそうだ。翌2016年にジャー氏は亡くなり、ブライアンは追悼の意を表明した。あたたかくグループを支援してくれたことへの感謝と、彼らのプロジェクトを通してフレディが今も生きていることを彼女が喜んでいたと伝えている。フレディ亡き後の活動にあたり、メンバーはいつも彼女と相談していたという。

もちろんランバートを不満に思うクイーンファンも中にはいるだろう。しかしロジャーは次のように取材で答えている。「フレディは（ランバートを）承認したと思う。アダムを気に入っただろうと思っている」。そしてこうつけ加えている。

「今でもフレディが僕らと一緒にいるように感じている。彼の音楽はいつでもそこにあるし、彼は僕らと共にステージにも立っている」と。この言葉は、ブライアンが「僕らはトリビュートバンドじゃない」と語るのと決して矛盾しない。

コンサートでとりわけ印象的なのはブライアンが歌う「ラヴ・オブ・マイ・ライフ」で、途中から舞台上のスクリーンに在りし日のフレディが映し出され、響き渡るフレディの声にやがて観客の合唱が重なっていく。泣いている者も少なくない。感動的なコンサートのハイライトである。

このように、残されたクイーンメンバーのブライアンとロジャーはフレディを一人の人間として尊重すると共に、音楽的な遺産を形を変えて残そうと、今も活動を続けている。

共感、感動、そして願望

そしてもう一つ忘れてならないのが、多くのファンが、様々な露悪的な発言に傷ついているという事実である。

好きなアイドルの「真実」を知りたいと思うファンもいるだろうが、本人が公にしなかったプライバシーを暴きたいと願う真のファンがいるだろうか。百歩譲って、たとえそれを明らかにすることになんらかの「正当な」理由があったとしても、それを目にして傷つくファンがいることは間違いないし、容易に想像できることである。

そしてさらには、映画のヒットによって、より多くの人々、フレディやクイーンの音楽にあまり詳しくなかった人も含めたたくさんの人が彼の生き方に心を動かされ、共感を分け合った。そしてそれは奇しくも、偶然ではあるが、このなにかしら意図的に広められた仮説をさらに広げる一つの要因になり得るのではないか。

つまり、悪意などとはまったく逆の、いわば明るい面――「ブライト・サイド」というべき側面があって、それこそがカミングアウト説が広まりつつある現状の一つの理由であるとは考えられないだろうか。この説について本書を読むまでよく知らなかった、今回初めて聞いた人もいるだろうが、この説は今後より広まっていく傾向にある。なぜなら十分にショッキングでスキャンダラスなこの仮説を、人は楽しむ性質があるからだ。特に悪気などなくてもこういった「知識」は人の口に上りやすく、ゴシップ好きであればなおさらである。フレディやクイーンの人気そのものが廃《すた》れた際には話は別だが、それはちょっと考えにくい。

しかし重要なのは、その背景にあるのはさきほど述べたような「悪意や興味本位」といった人間のダーク・サイドだけでなく、「今はもう、マイノリティを受け入れる世の中になったんだよ。フレディ、あなたは苦しんだけれど、その痛みを知った私たちはあなたを受け入れる。私たちは以前とは違う、よりよい世界に住んでいるのだ」と。または「そのような社会でありたい」という私たちの願いなのではないだろうか。ダーク・サイドではなく「ブライト・サイド」とでもいうべき別の土壌が、すでにあるように思えるのだ。元々のカミングアウト説の発生と広がりは「ダーク・サイド」によるものだったにもかかわらず、今後その一端を担っていくのは私たちの「善き面」で、そのことはまだそれほど顕在化していないのではないか、というのが私の「仮説」である。

カミングアウト説の真偽のほどは別として、奇妙なことに、本来であればカミングアウト説を避けたいと思う層と、映画版でフレディの「生き方」に触れた観客こそが、カミングアウト説を受け入れ、今後広めていく下地を潜在的に持っているのではないだろうか。

たまたま耳にした映画解説に「もやっとした」ことから始まったリサーチは、ほぼ収束しようとしていた。膨大なソースに当たり、まずはカミングアウト説の出典とその後の流れを突き止めるところから、思いがけなく、人間の誰しもが持っているダークな面とその逆の心理的な分析にまで展開していった。当初はどのような結論に行きつくのかわからぬまま、

「楽しいけどしんどい」「しんどいけど楽しい」のループを繰り返し、長いトンネルを走り続けるような作業が続いていたが、ようやく一筋の光を見つけたような気がしてきた。

アカデミー賞授賞式でのラミ・マレック

そしてこの私の「仮説」は、２０１９年２月末、アカデミー賞授賞式を観てほぼ確信に変わったのだった。映画でフレディを見事に演じ切ったラミ・マレックが主演男優賞を獲得し、非常に印象的なスピーチをしたのである。

……自分とは何かという悩みを抱え、自らの声を見つけようとしている人がいたら聞いてください。私たちは、ゲイで、移民で、言い訳することなく自分の人生を生き抜いた男の映画を作りました。今夜、皆さんとともに彼とその物語を祝福することができたという事実は、私たちがこういった物語を求めていた証だと思います。

I think... to anyone struggling with theirs and trying to discover their voice, listen, we made a film about a gay man, an immigrant, who lived his life just unapologetically himself, and the fact that I'm celebrating him and this story with you tonight is proof that we're longing for stories like this.

「自分とはなにかという悩みを抱え、自らの声を見つけようとしている人」とのくだりはマレック自身のことをも指している。両親がエジプトからの移民でロサンゼルス生まれの二世である彼は、しかし、決してアメリカ人になるな、エジプト人として生きろと厳しく育てられた。俳優を志すも、ハリウッドではファラオ（続編も作られた『ナイトミュージアム』でスクリーンデビュー）やテロリスト、犯罪者など偏ったオファーしか来ない。やがて、アラブ系や中東系を否定的に描く役はもう受けないとエージェントに申し入れたそうだ。自分の出自、容貌がネガティブに受け止められる状況を繰り返し味わった経験を糧《かて》に、同じ「アウトサイダー」として生きるフレディに自分自身を重ね、分身のように演じたのではないだろうか。フレディを演じるのに彼以上にふさわしい人はいなかったのではないかと思う。

スピーチでは、この後「私はエジプト移民の二世で……」と続けた際に少し間があり、感極まった彼があらためて胸を張ると、会場にいるアカデミー会員たちから大きなどよめきと拍手が沸き起こった。感動的なスピーチと共に、このように会場が一体となって受賞を称賛した場面は、テレビで授賞式を観ていた世界中の多くの映画ファンの心も打ったに違いない。

実はこのスピーチをアカデミー会員たちが共感と称賛を持って受け入れたことは、ここ数年のアカデミー賞そのものの在り方に対する批判と、それによる経緯も関係している。

「白すぎるオスカー」

遡ること5年、２０１６年のアカデミー賞が大きな波紋を呼んだ。この年の第88回アカデミー賞は最優秀作品賞が『スポットライト　世紀のスクープ』、監督賞は『レヴェナント：蘇えりし者』のアレハンドロ・ゴンサレス・イニャリトゥ、主演男優賞も同作品からレオナルド・ディカプリオが受賞した。主演女優賞は『ルーム』のブリー・ラーソン、助演男優賞は『ブリッジ・オブ・スパイ』のマーク・ライランス、助演女優賞は『リリーのすべて』のアリシア・ヴィキャンデルが受賞。いずれも受賞に値しないと批判されたわけではない。問題は、これら主要部門にノミネートされた俳優が全員白人だったことである。

実は前年の２０１５年も同様に、主要6部門のノミネートが白人に集中しており、一部批判が上がっていた。このような傾向が明白になった2016年は「白すぎるオスカー」と呼ばれ、スパイク・リー監督やウィル・スミス夫妻が授賞式欠席を表明したことも記憶に新しい。ノミネートが発表になった段階で、シェリル・ブーン・アイザックス映画芸術科学アカデミー会長（ちなみに2013年、黒人として初めて会長に就任）が急遽、今後の会員の見直しを発表する事態となった。2020年までに白人以外の新会員を増やし、多様化する社会情勢を反映させることを宣言している。それを受けて翌年には新会員が多く招集され、同時に女性会員も増加した。

2019年の時点での女性会員は全体の32％（2015年は23％）、白人以外は16％（2015年は8％）となり、徐々にではあるが明らかに変化が起こりつつあることがわかる。

2019年、主要部門においてラミ・マレックと共にオスカーを分け合ったのは、次の面々であった。作品賞は『グリーンブック』、監督賞はアルフォンソ・キュアロン（『ROMA／ローマ』）、主演女優賞はオリヴィア・コールマン（『女王陛下のお気に入り』）、助演男優賞はマハーシャラ・アリ（『グリーンブック』）、助演女優賞はレジーナ・キング（『ビール・ストリートの恋人たち』）となった。オリヴィア・コールマンはイギリス人だが、マハーシャラ・アリとレジーナ・キングはアフリカ系アメリカ人、アルフォンソ・キュアロン監督はメキシコ出身という多様さである。

そして象徴的なのは作品賞を受賞した『グリーンブック』で、この作品のテーマ自体が多様性に富むアメリカの今日的問題を描いたものである。映画は１９６０年代、未だ色濃く差別意識が根づくアメリカ南部を舞台に、成功したピアニスト、ドクター・ドナルド・シャーリーとその専属運転手兼用心棒トニーの巡業の旅をコミカルに描く。しかもマハーシャラ・アリ演じるエリート天才ピアニストが黒人で、その相棒が粗野なイタリア系移民（ヴィゴ・モーテンセンが演じている）という設定――つまり、社会の低層にいるのが白人で、従来とは逆転した立場設定という現代的な捻りがあって興味深い。宿泊施設やレストランに拒否されるシャーリーの姿や、最初は反発し合いながらも次第に心を通わせていく２人の「バディーもの」の流れはそれほど目新しい展開ではないが、黒人と白人の立場を逆転させたことがこの映画を成功に導いている。シャーリーはエリートゆえに同じ黒人から仲間と見なされず、かといって白人の社会でも居場所がなく孤独を募らせている。また、トニーはシャーリーのような差別を受けはしないが、白人の中にも確固として階層が存在しており、彼はその最も底辺にいるイタリア系移民である。本来ならば交わることのない２人が共に旅をし、お互いの心に変化が起きる。舞台は１９６０年代だが、そこにあるのは非常に現代的な問題であり、普遍的な人間の心が扱われている。

『グリーンブック』は明確に人種差別をテーマとした作品であり、『ボヘミアン・ラプソディ』と直接の関連性はないが、授賞式会場でマレックに拍手を送った会員たちの中には、ここ数年のこういった経緯をよく知った上で感銘を受けた者も多かったであろう。

物語を求めて

ラミ・マレックの感動的なスピーチで最も注目すべきは、「今夜、われわれがフレディとその物語を祝福しているのは（この映画が人々に受け入れられたことと、受賞の両方を指すと思われる）『私たちがこういった物語を求めていた』証である」というくだりである。

これは楽曲「ボヘミアン・ラプソディ」の謎めいた歌詞にまつわる仮説——カミングアウト説——についても同じではないだろうか。私たちが求めたものは、実は真実でも事実でもなく、「物語」ではなかっただろうか。この章で見てきたように、カミングアウト説は、最初はいくつか自然発生的に個々のファンの間でささやかれ始めたものであったかもしれないが、やがてドキュメンタリー番組でとり上げられたり、その後は主にジョーンズによって意図的に広まっていった。そして波及していった背景には、私たちがごく当たり前に持ち合わせている好奇心やそれに近い「悪意」（あるいは意地悪な心）に代表される人間の「ダーク・サイド」と、それとは別の「ブライト・サイド」の両方が存在している。とりわけ後者は、フレディやメンバーの意思を尊重したいと考える「ポジティブ」な面と同時に、私たちが、おそらく無意識のうちに、多様性を求めているという複雑な現実を反映したものである。つまり「ボヘミアン・ラプソディ」の歌詞を探ることは、歌の不可思議な部分に接近するだけでなく、自らの隠された願望を思いがけなく映し出す作業でもあったのである。

【コラム⑤】洋楽ファン研究者たちの集い

2020年1月。クイーン＋アダム・ランバート「ラプソディ・ツアー」名古屋公演の直前に友人の研究者、そして私にとって「恩師」と呼べる方とお話しする機会ができた。実は恩師がクイーンを好きだなんてまったく知らなかったのだが、フレディの言葉遣いなど、示唆に富む話をいくつも教えていただいた。とても楽しい時間で、リサーチにも多大なるインスピレーションを与えてくれたのでかいつまんで紹介したい。

参加メンバー

R先生：恩師。正統派英国古典文学の研究者。本国イギリスの研究会に招聘される重鎮。イギリス滞在経験も豊富（ただ、ミーハーなところがあると薄々感じてはいた……）。

Nさん：友人の研究者。専門は英語学。幼少時より筋金入りの洋楽ファン。中学生の頃クイーン来日公演に行ったのが自慢（というか、その他かなり行ってる！）。クイーンは70年代の方が好き。80年代に変身してからはどうしたの？　と思っていた。次はベイ・シティ・ローラーズの来日公演が楽しみ。

菅原：クイーンとの出会いはアルバム『THE GAME／ザ・ゲーム』（1980年）から。なので、ハード・ゲイ・スタイルのフレディが基本であった。本書の題材となっている「ある仮説」についてはまったく知らなかった。

菅原：2019年は私、「ボヘミアン・ラプソディ」漬けで講座や発表を何回かやったんです。リサーチしたことを本にしたいと思ってとりあえずまとめたんですが……。で、お尋ねする機会がずっとなかったのですが、その、（ちょっと言い出しにくい）R先生はクイーンとかは……あんまりご興味ないですよね……？（R先生は正統派英国古典文学の研究者。畏れ多いのでおずおずと口火を切ってみる）。

R先生：私、月末のクイーン＋アダム・ランバートの来日公演に行くのよ。

Nさん&菅原：ええっ!!（驚愕）

R先生：アリーナ、1枚だけ抽選当たったの。たいへんだったわ。初日に必死で5枚くらい申し込んで……。後ろの方だけどね。クイーンはね、イギリス留学時代に寮の皆と夢中で聴いていたものよ。思い出深いのは日本に帰国する前の年だったかしら、フレディのやせ細った写真がタブロイド紙を賑わしていた頃。あれはもうヤバいよねって噂で持ちきりだった。その後やっぱりHIVに感染していたことが発表されてすぐに亡くなったわね。ショックだった。「ボラプ」は皆で歌ったわ。

菅原：あ、やっぱり「ボラプ」ってイギリスでは言うんですね（と妙に感心）。

R先生：そうよ。refrigerator（冷蔵庫）もフリッジとしか呼べない彼らに「ボヘミアン・ラプソディ」なんて、とても無理。

菅原：納得です。ではその、ボラプの歌詞、「ある仮説」についてはご存じでしたか？

R先生：うーん。そういうことを言う人もいるけれど、私は違うと思う。あれはかなり技巧を凝らした曲でしょう。

菅原：曲の構成もそうですし、歌詞も芝居がかっているというか、作り込んだ感じがします。

R先生：特にMama……っていう呼びかけね。イギリスにお母さんのことを「ママ」って呼ぶ人なんていないでしょう。

Nさん：マザーとかマムですかね。イギリスだと綴りがMumになりますね（アメリカではMom)。

R先生：よほどの上流階級でも今時使わないし、ロック史上、こんな言葉が使われた曲はないわね。だから彼の等身大の気持ちを歌ったとは思えないの。わざと作り込んだ知的な曲よ。彼はいいところの出身で、よい教育を受けているでしょう。

菅原：うーん、ただ、フレディが読書家だったという話は見当たらないんですよね……。美術書とかカタログはよく眺めてたけど……とかいう話だけで。だから私は文学的な影響はあまりないいんじゃないかと思ってるんです。

Nさん：私は初めて聴いた時からその仮説、ピンと来ました。

菅原：おお！　Nさんもフレディが長髪の頃からずっと観てるものね。

Nさん：初来日コンサートも行ったわよ。最近、氷川きよしが初めての洋楽のカバーに「ボヘミアン・ラプソディ」を選んだわね。フレディもやっぱり、心のたけをあの曲にこめたんじゃないかな。

R先生：時代的にそれはきついわよ。そのちょっと前までは犯罪だったんだから。

菅原：でもだからこそ、わからないようにこっそり真実を秘めたんじゃないかという意見があるわけで。

Nさん：おおっぴらにはできない時代ですよね。

菅原：解釈はいろいろあって、中でもオックスフォード大学の先生たちの読みにはびっくりしました。この単語には性的な含みがあるとか。そこまで読むか……と。

R先生：ああ、そういうのはあるでしょうね。あからさまに書かずに隠されたところを読み解くという。

菅原：文学研究者ならではですね。いわれてみれば、ギターソロがエクスタシーのクライマックスになっていて、その後の余韻は性行為の後の脱力した様子を表す……。確かに、言われてみれば……ですけど、段々そんな気もしてきたりして。映画でも、たとえば『エイリアン』のラストの脱出シーンを一連の性行為とみなすっていう指摘があるんですけど、それを思い出しました。

R先生：知的な遊びとして、わざと技巧的な語を組み込んだりね。大体、インテリな彼らがあえてそんなリスキーなことはしないわよ。フレディは学食で「ロックスターじゃない、レジェンドになるんだ、おお～!!」って叫んだくらいなのよ。

菅原：（こ、これはファンの間ではわりに知られている逸話ではあるけど、R先生、めちゃ詳しい……？）

Nさん：頭脳派ですものね。

R先生：戦略家。ロンドンの学生たちの間で人気が高かったのは、今までのミュージシャンとは違う、俺たちと同じ「エリート」だってところもあったのよ。彼らみんな知的で、かなり戦略的に自分たちのブランディングを実践してたわけ。だから自分たちに不利になることはしない。私はその仮説、ナシと考えるわ。

菅原：ふむ。意見が分かれるところですね。私はリサーチしていて、もしかしたら心を打ち明けてしまいたい、みたいなところもあるのかもとちょっと揺れる時がありました。どういう風に読むか、各々が自由に考えられるところもこの曲の魅力でしょうか。まあ、間違いないのは、フレディはとても複雑な人だったんだろうなと。

Nさん：劣等感のようなものとか。繊細な人よね。

R先生：イギリスは階層社会だから、生い立ちとか、セクシュアリティとか、彼は裕福な出自だけれど、それでも引け目はいろいろあったでしょうね。メンバーの中でも彼だけ学歴が違うしね。

Nさん：あの高学歴集団はハンパじゃない。

R先生：特にブライアンの話し方なんて、ほんと、典型的なエリート。フレディの英語は魅力的だけど、やっぱり違いは歴然としてる。妹さんの方はかなりきれいな英語で、兄妹でも違うのよね。

菅原：（妹さんの話し方のことまで知ってる、先生……？　わ、私より詳しいかも。）先生、映画もご覧になったんですよね。いかがでしたか？

R先生：ライヴ・エイドのシーンが圧巻だったわね。

菅原：その後クレジットのところで本物のフレディの映像が出てきて、うわーん！となりました。

Nさん：「ドント・ストップ・ミー・ナウ」！　ピチピチしてた頃のビデオね。

R先生：……だけど、私はあの曲はちょっと違うと思うのよねえ。ブライアンなんかにしたら、耐えられないんじゃないかしら。あれは結構、直接的に、性的な歌詞でしょう。

菅原：はあ、確かに……！　カラオケによく一緒に行くアメリカ人の友達――男性なんですけど――がいるんですけど、歌う時ちょっと気を遣ったりして。これって、やばいよね～とか言い訳しながら歌ってます。なるほど、これは「ブライアンらしく」ないと（笑）。

Nさん：映画は彼も監修してるから、そのあたり、寛容になったということなのかしら。

R先生：そうねえ。ロジャーはともかくとして、やっぱりブライアンはお堅いイメージでいてほしいわ。

Nさん：アダム・ランバートに負けず劣らず、ロジャー、すっごいタトゥー入ってますよね。奥様の好みだとか。（↑なんでそんなこと知ってる）

R先生：さすがにブライアンは彫ってないはずよ。あ、じゃあそろそろ失礼するわね。これから生放送聴かなくちゃならないの〜。

Nさん&私：生放送!?

R先生：香取慎吾くんがラジオに出るの。ファンなのよ〜。ファンミも行ってるの！　楽しいわよ〜。じゃあね！

追記

その後、遠隔授業の怒涛の中、残念ながらお2人とはお会いする機会もなく。風の便りによると、R先生はあいかわらず香取慎吾熱冷めやらずで、イベントがいったんとりやめになりひどく肩を落としていらっしゃいましたが、昨秋に待望の限定ライブ配信があったそう。心の支えがあるということはなにものにも代えがたいと思います。

R先生はアダム・ランバート+クイーン名古屋公演も楽しまれたそうですが、先生的には、やはりアダムくんは少々刺激が強かったとのことです。アリーナ席を買えなかったNさんと私はありがたくも追加発売の恩恵にあずかり、ライブを堪能しました。初めて行ったナゴヤドームは想像以上に広く、ものすごく遠いスタンド席で、しかも目の前になにか塔のようなものがあって（!）舞台はほぼ見えませんでしたが（泣）行けてよかったです。3人共バラバラの席から、スマホライトを懸命に振りました。ドームが一面、星空の海のようになった美しい夜でした。

さらに余談ですが、Nさんはベイ・シティ・ローラーズのライブも無事楽しまれたそうです。もう一月遅かったらコロナ禍の影響でおそらく実現されなかったでしょう。ただ、その後20年9月に元メンバーのイアン・ミッチェルが62歳という若さで急逝。あまり間を置かず、エドワード・ヴァン・ヘイレンの訃報も届き、70's、80's音楽を満喫した世代としては寂しい限りです。コロナ禍の収まりと、再びライブを存分に楽しめる日が戻ってきますように。そしてクイーン＋アダム・ランバートがまた日本を訪ねてくれる日を楽しみに。

第6章　「伝説」の向こう側

——映画版『ボヘミアン・ラプソディ』を解く——

求められた物語

前章の終わりに挙げたラミ・マレックのスピーチにあった通り、フレディの「物語」は求められたものであった。私たちは彼のそのような物語を欲していた。まえがきで紹介した南山大学でのセミナー受講者たちのアンケートを見ても、映画を観た人たちの多くが、映画で描かれたフレディの人間像に「共感」したと表現していることが印象的であった。出席者には年代層も、下は中学生から上は70代までと幅広く、初めてクイーンに触れた人から長年のファンも含まれていたが、多くの方が長文のコメントを寄せてくださった。華やかなステージでのフレディからは想像に遠い、苦しみ、もがき、しかし自分らしく生きようとした姿に誰もが勇気づけられたことがわかる。

しかし、フレディの人生は映画ではない。私たちはある側面において、フレディをただアイコン（偶像）のようにとらえ、彼を伝説のヒーローとして扱っているのではないだろうか。私たちは映画ばかりでなく、フレディの人生そのものを「物語」に見立てて「消費」しているのではないか。あるいは、そのことにあまりにも無頓着ではないだろうか。

私たちが「物語」を求めるとはどういうことか、また、どのような意味を持つのか、この章では映画版『ボヘミアン・ラプソディ』の分析を中心に考えてみたい。

ラミ・マレックのスピーチの文脈においては、フレディがマレックと同様に移民であることが強調されている。「私はエジプト系アメリカ人二世です」と語った後に少し間があき、感極まった様子で胸を張る彼を会場が拍手で讃える感動的なシーンが続く。移民に不寛容な、当時の政治体制に対する雰囲気も反映していただろう。

映画版では、たとえばフレディがイギリスに移住してまもなくヒースロー空港で荷物運搬の仕事中に「このパキ野郎！」と侮蔑される場面が出てくる。彼はすかさず「パキスタン人じゃない！」と言い返す。また、フレディをあたたかく見守った父母と妹との会話、会食場面などから家族のつながりが重視されていること、敬虔なゾロアスター教徒の父との葛藤も描かれている。このあたりは、エジプト系アメリカ人というアイデンティティと向き合ってきたマレックにとっても、他人事ではないテーマだっただろう。

そしてマレックが「私自身の物語も今描いている途中です」と続けるように、彼がフレディと自身を重ねた上で、自らの人生もまた「物語」であると表現していることにも注目したい。日々の生活を送っている限り、私たちは自らが「物語」を描いている途中であるとはあまり考えないものだが、このように、映画や文学などを通じて別の「像」を観ることで、実は誰もが自分自身の人生を生きている、いわば主人公であるのだと気づくことがある。物語を読むとはそのような客観的な観察を通して、取捨選択の上なにかをとり入れ、咀嚼《そしやく》し、必要なものを自らの血肉とすることである。自分の中で組み立て、語ることを可能にすると物語は絵空事でなくなり、自らの一部となる。生きていく上で必要な行為なのである。

そしてマレックは、フレディの存在を「移民であること」の他に「ゲイであること」、そして両方を含めて彼の生き方を「言い訳せずに生きた」とも規定している。移民であったり、ゲイであることは多くの人間に当てはまることではないかもしれないが、その後の「言い訳せずに生きる」という言葉は誰もの心を打つ。環境や境遇は異なっても、なんら言い訳せず誇りを持って生きることは万人にとって重要であり、憧れでもある。フレディのようなドラマチックな人生を誰もが生きるわけではないが、障壁があるにもかかわらず堂々と生きることができれば、それはなんと尊いことだろうか。

映画はフレディ・マーキュリーという類稀なる才能に恵まれた、移民でありゲイの人物——つまりは特別な人物——の物語ではあるのだが、彼の弱さや迷い、苦しみを知ることで、観客はそれらを部分的に自らの物語として受け入れ、共鳴する。フレディの物語が求められたものであったということは、マイノリティの存在は社会的に受容されるべきだという機運が背景にあったと同時に、あくまでも普遍的な、誰しもが実感として受け止めることのできる感情に基づいたものであることを意味する。

映画の嘘

しかし、この映画版には明らかに嘘がある。フレディの残した音楽やクイーンの活動の歴史はもちろん偽りではないが、映画に関しては、事実と食い違う点がいくつかあるのは明らかだ。フレディの人生を事実とは異なる「フィクション」に仕立てている点が幾分あることは、とりわけファンにとっては一目瞭然である。映画化やドラマ化においてめずらしいことではないが、重要な点も含まれているので確認してみたい。

まず、映画は実際に起こった出来事を正確に、時系列に追ってはいない。映画が始まってまもなく、フレディが学生バンドＳｍｉｌｅのボーカリストとして加わるいきさつが描かれるが、彼の加入後4人のメンバーがクイーンを結成するのは事実だが、前ボーカリストはフレディの学友で、フレディはブライアンとロジャーとも旧知の仲であった。映画ではライブハウスのギグを観たフレディが2人と初めて出会い、その場で歌声を披露して熱心に売り込みバンド結成へと至る。また、映画では初コンサートでジョン・ディーコンが演奏しているが、実際には3人より遅れてオーディションを経て加入している。ハットンとの出会いも、ナイトクラブでフレディが声をかけたのが始まりであったが、映画では出会ったいきさつや当時の職業などは変更されている。

ただ、このような食い違いはとるに足らない脚色にすぎない。重要なのは映画の終盤、ライヴ・エイドへとつながる流れである。映画では1980年代に入り、フレディはバンドと距離を置きたいとソロプロジェクトの契約にサインする。それに対しメンバーは納得せず、いったん彼らは決別する。その後プレンターの裏切りを経て音楽的にもメンバーが必要だと再び気づいたフレディは和解を求め、再起をかけて大舞台に立つことを望む。メンバーたちは彼の再出発を快く受け入れる。HIV感染がわかり、病をメンバーに打ち明けたのはライヴ・エイドの直前である。いっときは暴走したフレディを周りが寛容な心で受け入れ、心を一つにしてライブに臨み、見事成功をおさめるという流れである。

だが、実際1980年代に入りソロ活動を拠点に移したのはフレディだけでなく、他のメンバーも同様であった。それまでにも解散説は何度となくささやかれており、それぞれが突破口を模索していた時期があったのは本当である。しかし、フレディがグループを離れ、そのことに対してメンバーが憤《いきどお》ったことはないし、口もきかないほど仲違いしてお互い疎遠になった事実はない。一度も解散したこともないので、映画でライヴ・エイドを機に再結成されたのも事実とは異なる。

１９８５年のライヴ・エイドのパフォーマンスはクイーンの歴史においても無比であったと未だに語り草となっている名演で、舞台裏でエルトン・ジョンは「(この場を)かっさらいやがって」と讃えたという。しかし当時フレディがＨＩＶに感染していたかどうかは(明らかにされてはいないが)大いに疑問であり、ハットンによると、フレディがＨＩＶの診断を受けたのは１９８７年で、やはりこれも事実とは異なるようだ。

一般に、映画化やドラマ化におけるある程度の脚色は決してめずらしいことではないが、映画のクライマックス、一世一代の名演と評判の高いパフォーマンスと前後する「仲間割れ、解散、ＡＩＤＳ診断、和解、努力、成功」という図式化された構図は、あざといと受け取られても仕方ない。ましてや、フレディがＡＩＤＳを発症して亡くなった事実は当時も衝撃的な大ニュースであり、今でも彼にまつわる最もセンシティブな事柄であることは明らかだ。そのあたりの順序を変えるのはかなり大胆な決断だったはずだ。

それでは、なぜ映画版は嘘をついたのだろう？　いうまでもなく、ことをドラマチックにするためである。フレディの人生をコンパクトにして、わかりやすく図式化すれば物事をスムーズに見せることができる。その方が映画の主旨をストレートに伝えることができる。よりダイレクトに届けたいこの映画のポイントとは何か？　むろん、フレディを伝説にすることである。

「伝説」の作り方

有名人、セレブリティの人生をドラマ化、映画化する際に彼らを「伝説化」するのはめずらしいことではない。むしろすでに半ば伝説になっているスターをとり上げ、さらに神格化したり、新しい証言などを用いて別の面にスポットライトを当てるなど手法は様々である。いずれの手法をとるにせよ、伝説を「損なわない」ように工夫が要る。伝説にするための必須条件は、美しいこと、悲劇であること、ドラマチックであること。スキャンダラスであればなおよい。これはまさに、私たちの誰もが備えている人間のダーク・サイドとマッチしそうではないか。

そして、ロックミュージシャンはこのような伝記ものとたいへん相性がよい。ロックの特徴でもある、社会に対する反発や反抗、反社会的な暴力、麻薬との親和性も高い。ポピュラーカルチャーということで認知度も高く影響力も大きいし、視覚的にも派手でわかりやすいことが多い。もうすでにこの世を去っている方がよい。さらには、凡人とは一味違う、普通でない、鮮烈なエピソードが多ければ多いほどよい。

映画版『ボヘミアン・ラプソディ』はフレディの「伝記」映画と紹介されることが多いが、さきほど述べたように、特に作品後半の脚色の意味の重さを考えると、「伝記的」作品ととらえる方が適切だろう。そういう意味で好対照なのは、映画『ローズ』（１９７９年）である。

『ローズ』もまた実在のミュージシャン、１９６０年代後半にアメリカで活躍し、27歳で早世した歌手ジャニス・ジョプリンをモデルとした伝記的作品といわれる。だが、監督のマーク・ライデルはジョプリンの伝記として描いたわけではないという。元々はジョプリンの生涯を描くというコンセプトだったようだが、遺族の許可が下りず変更したともいわれている。いずれにしても、伝記ではないことは主演のベット・ミドラーの熱演を観れば十分納得がいく。音楽も生き方も個性的で自由奔放、ワイルドで破天荒なスタイルはジャニス・ジョプリンのそれを土台にしているが、なにより、ミドラーの歌声がミドラーのものでしかあり得ないからである。この作品の主人公はミドラーが演じる「ローズ」という歌手で、唯一無二である。ジャニス・ジョプリンではない。声も似ていないし、顔も似ていない。ミドラーは文字通り体をはってこの役を演じているが、彼女がそうやって体現したのは実在した――具体的な名前を持つ――歌手ではなく、あまりにも豊かな才能に恵まれながらもその繊細さにより、内に持つ炎で自らを焼き尽くし、身を滅ぼしていったある天才女性シンガー、「ローズ」という架空の名を持つある一人の女性像である。ジョプリンを彷彿とさせるとか、こんな歌手が実際にいたのかと思わせるものではなく、くっきりと一人の人間像が立ち上がり、ある一つの「型」にまで昇華されている。伝説のお手本のようなものである。ミドラーが当時すでにブロードウェイの舞台などでキャリアを積み、プラチナディスクを獲得する本格派歌手であり、歌声に説得力があることも理由の一つだろう。

一方、マレックの演じたフレディは「架空」の対極にいる。彼は実在したフレディの像にずっと寄り添い、いっときも本人のことを忘れさせない。しかし、二人の描かれ方において共通点もある。彼らの人生が、きわめてくっきりとした物語に彩られていることだ。ローズの勝気な、自由奔放さは実は繊細さに裏打ちされている。歌手として成功の道を歩みながらも、休みなく続くツアー生活に疲れ、恋人ともうまくいかない彼女の内には、常に故郷、あるいはそこにいたかつての自分に対する誇りや自虐といった屈折した思いが渦巻いている。それらは同級生や実家との、あまり心地のよくないエピソードから十分に伝わってくる。逃げ出したライブ会場から遠く離れ、しかし行き場を失うことへの恐れから、彼女は母校の裏の公衆電話からマネージャーに助けを求める。今は大スターになった自分を周囲に認めてもらい、抱きしめてもらいたい「小さな女の子」がそこにいる。彼女は実家に電話を入れ、空元気の会話を始めるが、もしかしたら電話の向こうには誰もいないのかもしれない。

『ボヘミアン・ラプソディ』にも、これと似た、痛切な電話のシーンがある。フレディが、別れを告げたメアリーを自分の屋敷の近くに住まわせ、いつでも彼女の部屋の明かりを見上げながらこうやって電話で話ができると嬉し気に語る場面である。一方、メアリーは複雑な面持ちである。共通しているのは、どちらもが孤独に苦しみ、しかしそのつらさや経験を創作活動の原動力としていたことである。

破滅的な主人公を描いた点では、イギリスのパンクバンド、セックス・ピストルズのベーシストであったシド・ヴィシャスを主人公とする『シド・アンド・ナンシー』（１９８６年）との比較もできるだろう。パンクムーブメントの問題児かつカリスマとして数々の過激な行動によって知られたシドは、１９７８年に恋人ナンシーを刺殺した容疑で逮捕される。その後無罪放免となって真相は未だ藪の中であるが、翌年麻薬の過剰摂取によって死亡した。21歳だった。絵にかいたような破天荒なロッカーの人生である。活動期間は短く、波乱に満ちた音楽人生を走り抜けた。彼らはクイーンと同じＥＭＩレーベルと契約していた時期があり、スタジオや楽屋で顔を合わせることもあった。パンクを理解できないと言っていたフレディは彼らの振る舞いを気に入らなかったらしく、両者の間で一触即発のやりとりがあったとも伝えられている。

ただ、この作品はフレディやローズとは異なり、一貫して、シドの破滅的な人生を決して解釈しようとしないところが特徴的である。シドを演じたゲイリー・オールドマンの魅力と相まって、観る者は彼の一挙手一投足に釘づけとなり、チャーミングなその人間像に夢中になってしまう。なぜシド（とナンシー）が無軌道な生活を送るのかは描かれないし、観る者もそのような疑問を抱かない。あるがままの自由奔放さが観る者を魅了するのである。

カリスマの持つ破滅性、退廃性を分かつという点で、チェット・ベイカーを描いた『ブルーに生まれついて』（２０１５年）も挙げておく。早くからトランペットの才能を認められ、その後ボーカリストとしても人気を博し、端正な顔立ちと甘い歌声で１９５０年代半ばには時代の寵児《ちょうじ》となったベイカーだが、彼もまた麻薬に溺れ、ドラッグがらみのトラブルで公演先も含めた複数の国で何回か逮捕されるなど、スキャンダルに事欠かない人生を送った。映画は彼を支えた当時の恋人との関係を縦軸に置いてはいるがそれは添え物に過ぎず、演奏も含めたベイカーのナルシストぶりを堪能するための作品である。主演のイーサン・ホークは味わい深い歌声を披露し、ロマンティックな風貌も似ていなくもなく――稀代の色男を違和感なくしっとりと演じ高く評価された。本作もクリエイターとしての苦しみや人間的な弱さが描かれているが、彼を解釈しようとするスタンスはなく、観客は彼が堕ちていく様をただ眺めるのみである。ベイカー本人はアムステルダムのホテルで客死している。

「ストレートウォッシュ」の批判

このように、伝説の描かれ方には様々なバリエーションがある。『ボヘミアン・ラプソディ』映画版は、時系列を変えたことでフィクション性を高め、特に終盤、ＨＩＶ感染という決定的な事項をドラマ後半の中心に据えて、メンバーやメアリー、ハットン、家族たちを含めた周囲との絆を強調し、観る者を共感の渦に巻き込んだ。観客にライブパフォーマンスを疑似体験させるという盛り上がりを最後に設定し、作品はこれ以上ないところで着地する。

この脚色はそれほど過激に修正を加えたとはいえない。事実ばかりではないことを知りつつも受け入れ、楽しんだ観客も多かっただろう。単純化して図式化したことが功を奏した。だが、この点を主な批判の矛先とする批評家もいた。

メディアの評価は概ね好意的ではあったが、本作の評価は批評家と一般観客で大きく分かれている点もある。手厳しいものを紹介すると、ニューヨーク・タイムズ紙（米）は「現実はおそらくもっと興味深く、もっとニュアンスに富んでいただろうが、映画版の全体の物語構成は陳腐なレゴ（ブロック）の宮殿である」と評している。ガーディアン紙（英）も、「既成事実」のようなマレックの演じるフレディの成功物語ではなく、セクシュアリティと私生活にもっと大胆に迫ればよかったのではと示唆している。つまり、フレディという人間像が十分に描けていない、人間としての機微や苦しみが伝わってこないという指摘である。

これらは、具体的には彼のセクシュアリティの描写を主な問題にしている。精神的なつながりを重視し、生涯の恋人としてフレディの心の支えとなったメアリーとの関係を全面的に押し出した点が、過度な美化であるという批判だ。また、「ストレートウォッシュ」ともいわれている。ストレートウォッシュとは字のごとく――「ストレート」とは、ここでは同性愛に対して逆を意味する「異性愛」を指し――それで「洗い流して」きれいにまとめるという意味合いである。「ホモフォビア（同性愛嫌悪）」の映画だとする評論家もいる。あるいは評論家以外でも、イギリスではフレディのセクシュアリティについて、──タブロイド紙的な情報も含めると、という条件つきだが──ある程度は認識されているため、映画版でもっと詳しいことがわかると期待していた一般客には満足できない部分もあったかもしれない。

本作の製作が決定したのは２０１０年だが、完成まで実に8年の時を要した。候補となる監督や、フレディ役の俳優をはじめキャスティングが二転三転した。難航した理由には、やはり、フレディのセクシュアリティを含め、映画のテーマをどこに設定するかという問題があった。当初フレディを演じる予定だったサシャ・バロン・コーエンは、破天荒なロックシンガーの物語を期待していたが、製作側の意見は異なるもので両者は決裂した。

監修にあたったブライアンとロジャーは映画観覧のレイティング（年齢制限）にこだわったとされている。ゲイあるいはバイセクシュアルに関して踏み込んだ内容にするとR指定（17歳未満は保護者同伴）は必須である。彼らはせめてPG指定（保護者同伴を推奨）を要望していた。そのためにはメアリーとの関係をソウル・メイトという別格なものと讃え、最後の人生において献身的に尽くしたハットンとの関係を配置すればうまくおさまる。ミュンヘン時代のゲイ的な交友のシーンは最低限に抑える。ＨＩＶ感染とライヴ・エイドをめぐる時間の流れが操作され、フレディとメンバーたちの絆が病という試練を共に越えることで強調されて、よりドラマティックに彩られた。大筋では嘘ではない。際どい表現はできるだけ避けたいし、なによりも感動的である。これが制作側の判断だった。いってみれば、一般的でわかりやすく、当たり障りなくまとめたのである。ブライアンとロジャーはフレディを伝説にすることに自覚的である。彼らは過激さではなく「マイルド」であることを選び、それに成功した。このことでより多くのファンが、とりわけ新しい若いファンが気軽に観に来てくれる。

「蘇った」フレディ

それでは、映画『ボヘミアン・ラプソディ』は偽りの映画であって、観客を欺《あざむ》いたのだろうか？　あるいは、偽りとまではいかずとも、毒気を抜いたお子様仕様のまやかしなのだろうか？　答えは否、である。

あまりにも図式的、あるいは陳腐ということでいえば、フレディのパーソナルマネージャーであるポール・プレンターがステレオタイプな悪党として描かれている点は言い訳ができない。それに対してメンバーたちがその対極として非常にいい人として描かれている点もしかりである。フレディが暴走し、しばらくバンドの一体感が失われ、月日を経て和解を求めてやってきたフレディを彼らが快くゆるし、バンドは復活する。バンド内のもう少し突っ込んだ人間模様、本音のところを見たかった気持ちはどうしても残る。

しかしこの作品は観客を欺いてはいないし、それどころか、とりわけ、ある一点において無比のものになっている。それはマレックがフレディに「似せて」演じたことで、伝説となった主人公の存在感がより際立ったという点である。

映画はフレディのロンドンの寝室から始まる。片目のクローズアップ。似ていない、と思う。そしてカメラは後ろ姿でベッドに身を起こした彼をとらえる。髭《ひげ》を切る。車中もサングラスの目元のみ。ここまでフレディの姿はパーツとしてしか出てこない。ライヴ・エイドの会場へ向かう。白い衣装を身に着けた後ろ姿、少しジャンプしながらステージへと駆け上がっていく。既視感のあるジェスチャー。フレディ？　と一瞬目を疑う。

つまり最初は顔を（片目以外は）見せていない。しかし、一瞬、ステージに駆けていく後ろ姿になにか面影を見たような気がする。そして映画は１９７０年へと飛ぶ。歯をつけて、似せていることはわかるが、マレックは似ていない。

実は映画を観る前から「似てないいな」と思っていたのだ。おそらく多くの人がそうだったはずだ。フレディの姿を知っていれば、予告編や写真で見たマレックを似ていると思う人はまずいない。髪型やコスチュームはともかく、目はこんな感じではなかったし、歯だってこんなに出ていなかったと、マレックの顔を見て少々失望する。フレディのような稀有な人物のそっくりさんがそうそういてたまるものか、という思いも入っているかもしれない。

たとえば、ホアキン・フェニックスが実在の歌手ジョニー・キャッシュを演じても（『ウォーク・ザ・ライン　君につづく道』〈2005年〉）、似ているかどうかはそれほど取沙汰されない。イーサン・ホークが演じるチェット・ベイカーも同じだ。知名度がありすでによく認識されている俳優でかつ演技力を備えている場合、雰囲気を寄せてきていればそれで十分だと感じるものだ。先入観かもしれないが、しかしマレックは違う。いくつかドラマシリーズや映画の出演作はあるが、主役で売っている俳優ではない。どうしても厳しくなる。

しかし、そもそも本作は、似せて「再現」することを重視しているのだ。ライヴ・エイド場面をセットなどすべて含めてほぼ本番通りに再現したことはその最も顕著な証である。映画公開後、YouTube でライヴ・エイド記録映像と映画版を同じ画面で比較する動画がアップロードされ、たちまち注目の的となった。会場のウェンブリー・スタジアムはすでに当時の形をとどめていないため、ロンドン郊外にオリジナルと同じステージを組み立てたという。エキストラを使った撮影にＣＧＩの映像を重ね、当時とほぼ同じ聴衆の姿を描き出した。音源と口の動きはもちろんずれないよう細心の注意が払われ、フレディの身のこなしもほぼ完全コピーだ。ピアノの上に置かれたビールやペプシコーラの位置までもが１９８５年のあの日とぴたりと重なる。長年フレディのパーソナルアシスタントを務めたピーター・フリーストーンもコンサルタントとして参加したが、ステージだけでなく楽屋の壁のペンキの禿《は》げ方や水道管の錆《さび》具合に至るまで、まったく当時のままだったと語っている。メンバーたちも、吸い殻《がら》の残りや灰皿など人の目には触れにくいところも含め、その忠実な再現ぶりにただただ感嘆したという。

そう、この映画にとって重要な「再現」は最後のライヴ・エイドの場面に収れんされる。命を削るかのように熱唱するフレディをいかに再現できるかに、映画の出来がかかっていた。

そして歌い終えたフレディ＝マレックの舞台は、まるでフレディが帰ってきてくれたのかと思わせるような見事さであった。マレックは１年間ムービング・コーチについてフレディの体の動かし方——身のこなしや目線など——を特訓したそうだが、まさにその成果が結実した。まるでフレディが降りてきたようであった。当初は似ていないと思っていたのに、２

時間近くを共に過ごしていると愛着が湧いた、というとらえ方もあるかもしれない。マレックが撮影の間ずっとフレディに「なりきっていた」のも納得である。確かに、あれはフレディそのものだった。そして実際、ライヴ・エイドの演出には観る者を映画の中にひき込む様々な工夫が凝らされているのである。

ライヴ・エイドの映画的興奮

映画の終盤21分は本作のクライマックスであり、本番のライヴ・エイドを再現するという特殊な形式にもかかわらず見事成功をおさめた。マレックの演技力や努力に負うところが大きいが、映画的興奮に満ちた時間を作り出した映像のマジックを読み解いてみたい。

ライヴ・エイド場面をどう読むかについては、文春オンライン掲載の、伊藤弘了《ひろのり》氏による「賛否両論の『ボヘミアン・ラプソディ』5回見てわかった『ラスト21分』4つのウソ」という刺激的なタイトル記事を含む複数の関連記事がたいへん面白い。伊藤氏は映画公開後すぐに劇場に何度も足を運ばれ（結局その後通算10回ほどご覧になったようだ）、非常に興味深い言及をされている。

中でも、伊藤氏のご苦労に感謝したいのは、記録映像と映画版のカット数などをカウントしてその違いを比較できるデータをいち早く出してくださったことだ。映画館の暗闇にストップウォッチを持ち込んで計られたとのことで、頭が下がる思いだ。ライヴ・エイド場面についての私の意見は、伊藤氏の記事を土台にしていることを感謝と共にまず申し上げておきたい。そしてそこにつけ加える形で、映画を観ている観客が作品を「完成」させるという行為について説明したいと思う。

2つの動画を比べてわかるもっとも大きな違いは、記録映像と映画とではカット数がまったく異なることだ。映画版の方がカット数がはるかに多く、1カットの長さも短い。つまり記録映像の方はややゆったりした感覚で眺めていられるが、映画は次々と畳みかけるように画面が切り替わり、高揚感や臨場感がアップしている。そしてここが重要なのだが、そのことによって意味が与えられている。つまり、映画監督が映像を編集して作品を作るとは、なにかしら意図を加えることを意味するのだ。

たとえば、フレディがステージに駆けていき、1曲目の「ボヘミアン・ラプソディ」の歌い出しを無事成功させる。カメラはピアノを弾くフレディを映し、次にブライアンを、そしてロジャーの少し安堵した表情をとらえる。そして次にジョンも心なしかほっとした様子でベースを鳴らすシーンが入る。フレディが無事歌えたこと、そしてメンバー全員の様子を順番に見せることで、クイーン全員が心を一つにして演奏しているという意味が生まれる。そしてその流れを把握できるのは（現地にいる聴衆でもなければテレビ視聴者でもなく）私たち映画を観ている観客だけである。

また、曲には当然ながら歌詞がついており、意味を備えている。たとえば「伝説のチャンピオン」（We are the Champions）はやがて観客と共に合唱へと盛り上がっていくが、カメラの切り返しと音楽の掛け合いが言葉の意味を伴って、より力強いシーンへと変わっていく。カメラはステージからスタジアムの聴衆へ、次にイギリス全土から寄付の電話を受け付けるコールセンターへと移動し、なりやまない電話対応に追われるスタッフたちの様子を通して、スタジアムの外と、テレビで生放送を視聴している人々との間接的なつながりも表現する。そして曲の演奏が始まる。カメラがステージから、舞台裏のメアリーとそのボーイフレンド、そしてハットンへと移動し、フレディと親しい者たちがここでも心を一つにして彼を見守るという意味が生まれる。もちろんこの裏側の人間関係を、共に安堵感を持って観ることができるのは映画の観客である。

そしてスタジアムで観客と共に熱唱となるが、ここの一連の場面を観て、歌詞の「We《われわれ》」

が、歌っている「俺たち」クイーンを指していると思う人はいないだろう。この曲はスポーツ観戦の場でもおなじみで、「困難にも負けず頑張ってきた、われわれ（皆）はチャンピオンだ」――成功した、勝ち組――であるという賛歌、応援歌だが、邦題は「伝説のチャンピオン」であり、主語の「われわれ」をクイーンととることももちろん可能である。フレディがメロディを始めた段階ではそうとれないこともない。しかし最初フレディのアップから入ったカメラがスタジアムの観客へと移動し、両者が応答し合うように声を重ねる中――しかもカメラはスタジアムの外にも飛び出してパブで歌う聴衆さえとらえる――「われわれ」とは「われわれすべて」、つまりステージに立っている主役たちもそうでない者たちも、（生きていれば）みんなチャンピオンであるという意味が発生しているのは明らかである。「友よ、俺たちはチャンピオンなのさ。最期の時まで戦い続ける。俺たちはチャンピオン。俺たちは王者だ」という意味が、カメラの動きから全員に発生することがわかる。皆が自らの曲として受け止め、歌っているのである。

そしてステージも終わりに近づき、フレディが投げキッスをする場面。スタジアムの聴衆に向けられてはいるが、映画では伏線として「お母さんにキスを送るよ」というやりとりが事前に描かれている。したがって、カメラが次のカットで自宅にてテレビの中の息子を観る母を映し、（母が）キスを受け止めたという「物語」が発生する。そしてその後に続くフレディのカットも、母の心を無事受け止めた、2人の心が通じたという表現となる。記録映像と映画版で投げキッスのタイミングがぴったり合っているのにも感嘆するが、重要なのはこの巧みな編集によって物語が与えられていることである。しかも2人の間に起こったことの意味を知るのは「映画の観客だけ」である。母と息子の物語を目撃したのは、本人たちを除いて私たち観客だけであり、つまり私たちは映画に参加しているのだ。もちろん、ライブの臨場感に興奮しすでに十分楽しんでいるのだが、それとは別に、映画の観客という立場ならではの特権を享受しているのである。画面から伝わってくる物語を受け止めて、紡ぐ。映画を観ることは決して受け身ではなく能動的な行為であり、最終的に完成させるのは観る者であることを、この母と息子のシーンははっきりと教えてくれる。

不在の表象

このように、映画ならではの楽しさを臨場感と共に観客に示しながら、映画版は「再現」することに力を尽くし、マレックは見事それに応え大役を務めた。本作品が稀有な一作となったのはこの最終幕の力によるところが大きい。

しかし、実はこの後で少し事態が変わる。観る者を巻き込んだ熱狂のライヴ・エイドが終わり、「ドント・ストップ・ミー・ナウ」を背景にスクリーンにクレジットロールが流れ始める……と、そこにはステージで演奏する在りし日のフレディ本人の姿が映し出されるではないか。明るい笑顔が若々しい。そしてあらためて気づく。錯覚だったのだ。今まで見てきたフレディはやはりマレックの演じたフレディであって、フレディが戻ってきたと思ったのは錯覚だった。ここで一気に現実に引き戻される思いがした。

けれど同時に、感謝したいような心持ちでもあった。

つまり、矛盾するようだが、フレディが憑依したかのようなマレック、演技も含めたその「姿」が完璧であればあるほど、フレディがもうこの世にいないことを痛感させるのだ。つまり、マレックはフレディの姿を呼び戻すものであると同時に、不在の表象でもあるのだ。

この作品が部分的に陳腐と呼ばれても仕方ないところがまったくないとは言わない。大勢の人に劇場に足を運んでもらうべく、フレディを中心としたグループの、葛藤も含めた成功物語として単純化し、とりわけフレディのセクシュアリティに関してはできる限りマイルドに、当たり障りなく抑えた。そのことが批判の対象になることも理解できる。

しかし、こんな風に完璧にフレディを蘇らせ、歌声に酔わせ、そしてそのすぐ後に思いがけない空虚感をあらわにし、もう失われてしまった天才への渇望を観客に思い出させるとはなんという演出であろうか。「似せた」ことをニューヨーク・タイムズ紙は「ものまね」と意地悪く表現したが、まったくの見当違いだ。「似せて」再現し、最後にそれを裏切る形で伝説のヒーローの存在感を際立たせる。このようなどんでん返しはなかなかできるものではない。しかも最後の曲がDon't Stop Me Now（僕を止めないで）というのも完璧な選択ではないか。

そもそも、マレックがフレディになりきる形で彼を演じたことそのものが挑戦であった。映画版のこのような冒険は、「前代未聞の」あるいは「度肝を抜かれた」と評された楽曲「ボヘミアン・ラプソディ」が与えたインパクトに匹敵する。そして、このような嘘でさえも、私たちが求めた「物語」だったのではないだろうか。あまりにも早く、45歳という若さで逝った天才。ある時は天真爛漫、ある時はこの上なく繊細で複雑。様々な魅力に溢れた、チャーミングな笑顔を持つあのエンターテイナーに、嘘でもいいから――似ている人でもいいから――再び会いたいと、そんな潜在的な願いがファンの心になかったといえるだろうか。あまりにも大胆な願いのため、実現されることを想像した者は多くはなかっただろうが。

映画版は、ここにいないこと＝不在を、予想もしない形で見せてくれた。私たちはラストシーンのクレジットを眺めながら、どれほどの才能、どれほど魅力的な人物を失ったか、その大きさにあらためて気づくのである。

僕は、音楽の娼婦

このように、フレディは映画版で「蘇る」ことで新たな伝説となった。一部事実とは異なる脚色を施し、賛否両論は覚悟の上で、映画製作者たちは彼らの見せたいフレディと、皆が潜在的に求めていた物語を形にした。

目的はフレディを伝説にすることだ。そしてそれは、フレディの物語を新たに語り継ごうとするブライアンやロジャーの決心でもある。楽曲「ボヘミアン・ラプソディ」にまつわる謎についても同様である。それは決して明かされない謎を秘めた伝説の一部だ。

この楽曲の謎について、メンバーたちは繰り返し質問を受けてきた。ロジャーが、特に難しいところはないと言っている一方で、ブライアンはこの曲は難解であることが重要だとする、意見の相違が面白い。ブライアンはこの曲はつかみどころのなさが魅力だとしている。

なので、意味を問われても答えは決してわからないし、知っていたとしてもたぶん教えないと語る。誰にもわからないし、そういう話はしたくないというスタンスである。

そしてフレディの発言はいくつか短いものが散見されるのだが、たとえば次に示すような、一貫してどこ吹く風といった様相である。

何のことを歌っているかいつも聞かれるけど、さあねとしか答えられない。謎めいたままでオーディエンスがあれこれ考えて解釈してほしい。詳しく分析するのはまっぴら。

(『Freddie Mercury: A LIFE, in His Own Words』)

実際は、セクシュアリティのことも含め、ずけずけと無礼で思慮のない質問をぶつけてくるマスコミに随分嫌な思いもしてきたはずなのだが、前に述べたように、「プライベートである」または「関係についての曲」という以外は、この曲についての説明や謎解きは一切ない。本書で検証してきた様々な解釈は、ある意味、オーディエンスの身勝手さや、こうあってほしいという願望の表れであるようにも思う。皆、自分の物語を曲の中に反映したいのだ。

フレディはシャイな一方でたいへんユーモアに富み、ある時はリラックスした、ある時はとても鋭い、時にはっとするような印象的な言葉を多く残している。中でも「僕は音楽の娼婦（I'm just a musical prostitute.）」は有名だ。ミュンヘン時代に行われたインタビューで、次のようなやりとりがされている。

――自分をどのようなアーティストだと説明しますか？　とても秩序立っているとか、思いつくままだとか？

いや……アーティストとしての自分は……ただの音楽の娼婦だよ！（笑）

――（笑）秩序立ってるんですか、それともそうじゃない？

どうだっていいよ。無秩序であり、秩序立ってもいるよ。そんなの、誰にとってもくだらない質問だよ。ただ……僕は僕さ。とてもきちんとしている時もあるし、思いつくままの時もある……僕は僕なだけさ。

白いタンクトップ姿のフレディが時折ビールを流し込み、煙草をふかしながら早口で畳みかける。少し神経質な印象も与えるが、そんなこと聞いてどうするのと、ちょっとあきれたような表情で答え、「ただの音楽の娼婦だよ」の後にはmy dear（ねえ、きみ）という、彼がよく友達に対して使う（ファンの間では至極有名な）呼びかけが添えられている。話が進むにつれリラックスしているようで――記者は後に「初めて会った途端、特別な化学反応を感じた」と語っているが――フレディがとても熱心に語っているのは確かだ。実際この記者はその後長年にわたって、クイーンのドキュメンタリー番組や公式プロモーションビデオを数多く担当することになった。つまりフレディは彼の仕事ぶりが気に入ったのだろう。取材は成功し、ここに彼の本音に近いものが引き出されていると考えていいかもしれない。

「音楽の娼婦」という言葉が挑発的なため、この言い回しだけが独り歩きした感もあるが、煙に巻くような応答ではある。この言葉をどうとるか――そもそも特に意味はないのかもしれないし――セクシーな、官能的な音楽を与える者ともとれるだろうし、自分の能力や才能、名前を「売る」という負の意味合いを含むようにもとれるだろう。後者の響きが強かったのか、あるいは言葉自体の持つインパクトのせいか、この発言は大いに広まった。

もちろんこの表現は、フレディに関しては逆説的に聞こえる。ここでの「娼婦」とは、インタビュアーが出した「アーティスト」と対照をなすものとしてフレディが意図的に返したレシーブだろう。そしてステレオタイプな質問をやめようとしない記者に対して、決まった型にはめようとするな、という意思表示が続く。

「娼婦」という刺激的な言葉を使ったのは彼ゆえのサービス精神かもしれない。取材当時（１９８４年）はドイツ・ミュンヘン時代であり、パーティやばか騒ぎに彩られた自由でスキャンダラスな日々の様子が伝えられていた。メディアへの反発もこめられていたのだろうか。だからこそ、彼の心情をシンプルに表すのは、その後に続く「僕は僕なだけ（I'm just me.）」なのだろう。この言葉に彼のアーティストとしての矜持と、一人の人間としての素を垣間見るような気がする。

多くの記者やファンが、フレディのことを知りたいと様々な問いを投げかけるが、彼は「音楽の娼婦」であり、「僕は僕なだけ」。そのどちらもが重要なのだ。

このようなスタンスは、ブライアンが楽曲「ボヘミアン・ラプソディ」について「この曲は分析を超えている」と述べた後につけ加えた、次の言葉に通じているように思う。

生前、いろいろな解釈があったのをフレディはきっと楽しんでいたと思う。すべてフレディはわかっていたのではないだろうか。あれこれ言われるのもわかっていた。

どう思ってくれても構わない、楽しんで！　と。ただその美しい歌声で、私たちを楽しませてくれたのではないだろうか。

カミングアウト説が嘘でも本当でも、映画版が意図的にフレディをアイコン化（偶像化）したのだとしても、どちらでもよいではないか。いずれにしてもフレディの音楽は素晴らしく、ずっとこれからも愛されることに間違いないのだから。

そしてフレディの音楽を愛し、今なお生き続けるクイーンを愛する者に、彼の存在を単なる「伝説」に終わらせない力があると信じている。

付記　ジョーンズのブライト・サイド？

第５章で、フレディと個人的に親しいわけではない（と思われる）ジョーンズに「悪意」があるはずはない。だからこそ、この説をなぜ積極的に推し進めているのかがわからないと述べた。そもそも仮説の口火を切ったのがライスなのか彼女なのか、本人もわからなくなっているのではないだろうか？　それほど、とりわけインターネット上では情報が混濁して曖昧になっているし、しかし同時に、それがいかに彼女が積極的に仮説を推し進めているかの証のようにも思える。なぜそうするのかという理由はむろん私には知る由もないが、それは人間の「ダーク・サイド」の表れであろうとまとめた。

ただ、どんな人間にもダークな面とブライトな面の両方がある。もしも彼女のこの一連の行動に「ブライト・サイド」があるとしたら、それはマイノリティに関して次のような発言があった点ではないかと思い、最後につけ加えることとする。ライスから初めて仮説を聞かされ、自分にはまったく思いつかなかったことだがすべて腑に落ちたと話した、２０１２年の Windy City Times 紙の取材で次のようなやりとりが交わされている。

WCT：フレディが亡くなった後、タブロイド紙で侃々諤々《かんかんがくがく》の論争があったと著書にありますね。彼が公にゲイだったのかバイセクシュアルだったか、家族はどのように対処したのですか？

ジョーンズ：本当の悲劇は、家族が（フレディのセクシュアリティを）受容したのではなかったかということだと思うのです。ご両親にはお会いしたことがあって……実は最近、フレディの65歳を祝う誕生パーティでもお話ししました。パーティにはロンドンのゲイの著名人たちがかなり大勢集まっていて、同性愛に関する政策や困難だったこれまでの道のりについて、次々と立ち上がり、語り始めました。フレディが彼のセクシュアリティをオープンに享受することができなかったのはとても悲劇的だったと思う。許されることなら、ゲイの人々やAIDSの闘病にもかなりの支援ができたでしょう。お母さんは、今は受け取られ方が変わってきた、もし自分たちが知っていたら受け入れることができたかもしれなかったのにと言っておられました。でも、知らなかったのだと。

Windy City Times紙はLGBT新聞である。フレディのセクシュアリティに対する家族の対応を尋ねた質問が、記者の好奇心や偏見からではないことは間違いないだろう。影響力のある新聞ではあるが、一般紙と比べるとそれほど多くはないだろう読者の立場に立った「リアル」な問いかけに、この新聞の姿勢や、読者に対する真摯さが表れている。同じようにジョーンズの真摯さがどれほどのものだったのか、正直なところ、私自身は確信が持てないでいるのだが、こんな発言もあったことを追記しておきたい。

あとがき　――一杯のワインと一本の電話――

この本は一本の電話から始まりました。「ボヘミアン・ラプソディ」の魅力にとりつかれ、ぜひ本にまとめたいと原稿を書き始めたものの、伝手もなにもない。大勢の人に手にとっていただけるよう、新書で出したい。ダメもとで勇気をふりしぼり、２０１９年９月のある夜、光文社新書編集部に電話をかけました。実は景気づけのためにワインを一杯ひっかけて、清水の舞台から飛び降りるような心持ちでした。たまたま残っていらした編集者の高橋恒星さんが電話を受けてくださり、内容についていろいろ尋ねられました。拙稿を送付できれば御の字、たとえ返事が来なくても仕方ないくらいに思っていたのでちょっと焦りましたが、もたもたと説明する私に辛抱強く耳を傾けてくださり、早速、たぶん2章分をお送りしました。

残念ながら、すぐに出版の目途は立ちませんでした。会議では「あと半年早かったら」との声も上がったそうです。そう言われればまったくその通りで、いわゆる「ブーム」の只中だったら……と我ながら苦い思いもありましたが、それでも諦められませんでした。一過性のブームではないと信じていたからです。「ボヘミアン・ラプソディ」が、誕生してから半世紀近く経った今でも世代を超えて愛されているのと同じで、この楽曲、そしてクイーンの魅力は尽きることがないと確信していました。ただ、本を一冊出すことの難儀さという現実にぶつかりました。

続きの原稿を読ませてくださいとのお言葉を心の支えに、秋学期が始まってからは日々の仕事を回しつつ執筆を続けました。なかなか多忙でしたが、書き進めていくにつれ新たな発見があったり、自分なりの仮説がまるで生き物のように動き出し、形を作っていく工程が楽しくてたまりませんでした。謎が謎を呼び、いろんな糸が縺《もつ》れ出てくる。その糸口を一つ一つ解《ほぐ》していく、私が経験したゲームのような興奮が読者の方々にも伝われればと願っています。

夫や友人を巻き込み、書き終えた章から草稿の読者になってもらいました。まったく一人で書き上げることは絶対にできなかったでしょう。連日延々とフレディの話ばかりしていました。とりあえず目鼻がついて脱稿したのが12月。出版の保証も何もないのにそんな毎日を数カ月続けられたのは、作業そのものが楽しかったのと、やはり読んでくださる高橋さんがいらしたからです。

年明け、あらためて全編に目を通してくださった原稿に細かいコメントがつけられ戻ってきました。まだ出版できるかどうかもわからないものをお正月休み返上で読んでくださり、しかも主旨をとても理解してくださっていることに感激しました。そして書籍化は未定だけれども、新しく立ち上げられた光文社新書のｎｏｔｅに連載しませんかとお誘いを受けました。連載が始まったのが２０２０年1月末。予定では春先には一段落つくはずでしたが、ご存じの通り世の中がコロナ一色に染まっていき、私も春学期の始まりと共に授業がすべて遠隔に切り替わり、極端に仕事が増え、更新のペースもかなりダウンしました。なんとか連載の終わり部分までたどり着いたのが秋口です。それだけで精一杯。出版のことは半ば諦めていましたし、そもそも考える余裕もありませんでした。ですので、書籍化決定のお知らせをいただいた時は、夢なら覚めないでほしい。ただそれだけでした。

えいやっと編集部に電話をしてからほぼ3年。この度無事上梓の運びとなりました。２０

2021年も半分が過ぎて各地でようやくワクチン接種も始まり、まだしばらく時間がかかりそうではあるものの、少しは希望が感じられなくもありません。本書の出版も、私にとっては長いトンネルを抜けた先の明るい光のように見えます。

本年も遠隔授業の中、この曲をオンデマンド授業で扱う機会がありましたが、映画を観た学生さんが増えた印象を持ちました。高校の英語、音楽、保健体育の授業で鑑賞したと教えてくれた人たちもいて、私と同じように、クイーンファンの先生が解説してくださったのだろうかと想像しながら、彼らの思い出を心温まる思いで読んでいました。世界が一変したと言ってもいいような、誰にとっても思いもかけない、激動の3年間となりましたが、映画版や彼らの音楽が多くの人たちに力を与え、心にあかりを灯したことは言うまでもありません。本書では、移りゆく社会における自分たちを映す鏡のようなものとしての本楽曲、映画の読み方を呈示したつもりです。

サマセミやカルチャーセンター受講者の方々の熱気は未だに忘れられませんし、多忙な中足を運んでくださった友人知人の激励は今でもありがたく感謝に堪えません。ｎｏｔｅ連載中もたくさんの方に応援いただきました。コロナ禍が本格化する直前に、高校の同級生たちと旧交を温めたことも感慨深い思い出の一つです。久しぶりに集まり、80's音楽は最強！と、さんざん盛り上がりました。教室で一緒に歌った皆の顔も浮かびます。我ながらがんばったという自負はありますが、自分一人で書き上げたとは露《つゆ》ほども思っていません。編集者の高橋さんはもちろん、お世話になった方々、出版を共に喜んでくださる方一人一人に直接お礼を申し上げたい気持ちでいっぱいです。

最後に、偶然ですが、3年前に亡くなった父の仏前にも出版の報告ができるのが嬉しいです。にこにこして「なんやようわからんけどとりあえず１００冊買うとくわ」と言う姿が目に浮かぶようです。１００冊は言い過ぎとしても、まあ10冊くらいは注文してくれたかも、とか（笑）。あまり表立って身内を褒める人ではありませんでしたが、私の知らないところで自慢したのではないかな、と勝手に想像を巡らせては楽しんでいます。

２０２１年６月

まえがき、第1章〜第4章は光文社新書ｎｏｔｅ（https://shinsho.kobunsha.com/）の同名連載をもとに加筆・修正を加えています。また書籍化に際して第5章、第6章、コラム、あとがきを書き下ろしました。

菅原裕子（すがはらゆうこ）
学術博士（名古屋大学）。専門は映画研究。元々の洋画好き＆洋楽好きが高じて、現在は非常勤にて名古屋市内複数の大学で英語授業を担当。「ボヘミアン・ラプソディ」は大学１年生を対象にした授業で曲を扱ったのがきっかけで、その後カルチャーセンターから愛知サマーセミナーの講座へと発展。ファンの方々の熱い思いに直に触れ、リサーチをまとめたものを書き下ろすことに。クイーンは1980年代から。今回遡って聴き、'70年代が実は好みだったと発見。

「ボヘミアン・ラプソディ」の謎《なぞ》を解《と》く
“カミングアウト・ソング”説《せつ》の真相《しんそう》

2021年８月30日初版１刷発行

著　者 —— 菅原裕子
発行者 —— 田邉浩司
装　幀 —— アラン・チャン
印刷所 —— 萩原印刷
製本所 —— 国宝社
発行所 —— 株式会社光文社
東京都文京区音羽1-16-6(〒112-8011)
https://www.kobunsha.com/
電　話 —— 編集部03(5395)8289 書籍販売部03(5395)8116
業務部03(5395)8125
メール —— sinsyo@kobunsha.com

 ISBN 978-4-334-04537-1

1138

夢中になる 東大世界史
15の良問に学ぶ世界の成り立ち

福村国春

約40年分の過去問から、選りすぐりの15問で振り返る国際社会の歩み——。暗記しただけでは解けない、歴史の本質を突く問題を紐解けば、覚えただけの歴史が教養に変わる！

978-4-334-04546-3

1139

ディズニーとチャップリン
エンタメビジネスを生んだ巨人

大野裕之

ディズニーは、キャラクターの創作とストーリーの大切さ、権利の保持や配給会社との条件交渉などをチャップリンから学んだ。——固い友情と離別、知られざる二人の師弟関係。

978-4-334-04547-0

1140

スポーツとしての相撲論
力士の体重はなぜ30キロ増えたのか

西尾克洋

「決まり手」「体格」「怪我」「指導」「学歴」「国際化」「人気低迷」。7つのキーワードから見えてくる、伝統と進化のはざまで揺れ動く大相撲の現在。幕内全力士の解説付き！

978-4-334-04548-7

1141

糖尿病の真実
なぜ患者は増え続けるのか

水野雅登

「インスリンは一生のお付き合い」「糖尿病は不治の病」は本当なのか。脱インスリン率１００％の実績を持つ著者が、実際の治療例を紹介しつつ、現在の糖尿病治療の実情と問題点を解説。

978-4-334-04549-4

1142

「日本型格差社会」からの脱却

岩田規久男

戦後は日本しか経験していない長期デフレを原因とすることから、他国とは様子の異なる日本の格差。縮小するにはどうするべきか。日銀副総裁を務めた著者が具体的な政策を提言。

978-4-334-04550-0

1143
子育て罰
「親子に冷たい日本」を変えるには

末冨芳　桜井啓太

「子育て罰」とは、社会のあらゆる場面で、まるで子育てすること自体に罰を与えるかのような政治、制度、社会慣行、人びとの意識。「子育て罰大国・日本」を変える方策とは。

978-4-334-04551-7

1144
孤独は社会問題
孤独対策先進国イギリスの取り組み

多賀幹子

世界で初めて「孤独担当大臣」を設け、EU離脱後も混乱が続く国で、いま何が起きているのか。日本が学べることは何か。イギリス社会を見続けてきたジャーナリストが現地から報告。

978-4-334-04552-4

1145
ダイエットをしたら太ります。
最新医学データが示す不都合な真実

永田利彦

「ほぼ確実にリバウンド」「BMI18・5未満の死亡率は2倍」「小太りが一番長生き」――ダイエットは百害あって一利なし。摂食障害が専門の精神科医が「やせ礼賛」文化を斬る！

978-4-334-04553-1

1146
教養としてのロック名曲ベスト100

川﨑大助

現代人の基礎教養、ロック名曲100を、これまでにない切り口で紹介・解説。著者の主観・忖度抜き、科学的な手法で得られた驚愕のランキングの1位は？　サブスク時代に最適のガイド。

978-4-334-04554-8

1147
日本のバドミントンはなぜ強くなったのか？

藤井瑞希

近年、なぜ日本のバドミントンは国際大会で目覚ましい結果を残しているのか。ロンドン五輪女子ダブルス銀メダリストの著者が自身の軌跡を振り返りながらその強さの秘密を語る。

978-4-334-04555-5

1148
腸と森の「土」を育てる
微生物が健康にする人と環境
桐村里紗
人の不調と、環境の不調は「土」でつながっている——最も身近な自然環境＝「腸内環境」と心身の関係、日々の食事の選択の重要性と方法を「プラネタリーヘルス」の観点から説く。
978-4-334-04556-2

1149
世間体国家・日本
その構造と呪縛
犬飼裕一
この国を支配する「空気の構造」とは？　そして、他人の目が気になるのはなぜ？　家庭で、学校で、社会で、人の心の中で、世間体はどう作用しているのか。歴史社会学者が多角的に考察。
978-4-334-04557-9

1150
「孤独」という生き方
「ありのままの自分」でいることのできる、自分だけの居場所を求めて
織田淳太郎
自らの体験に加え、孤独な生き方を実践する人たちへの豊富な取材を基に、人間の根源的な欲求を突き詰め、真に「生きる」とはどういうことかを考察する実用的ノンフィクション。
978-4-334-04558-6

1151
ニュースの未来
石戸諭
テレビ、新聞、出版…ニュースを巡る環境が悪化するなか、本当にこれらのメディアに未来はないのか。気鋭のノンフィクションライターが、ニュースの本質とその未来に迫る。
978-4-334-04559-3

1152
「ボヘミアン・ラプソディ」の謎を解く
〝カミングアウト・ソング〟説の真相
菅原裕子
同名映画も大ヒットした「過去1000年で最も重要な曲」にフレディ・マーキュリーが込めたメッセージとは。膨大な資料をもとに、近年ささやかれている、ある「仮説」を検証。
978-4-334-04537-1